中小企業の生産性革命

企業価値向上・DX推進に向けた

経営コンサルタント・中小企業診断士
中村 中 著

ビジネス教育出版社

はじめに

ある中小企業の経営者は、70歳を超えていますが、大きな声で皆にいろいろな指示を出しています。ただ、立ち上がる時や席に座る時にはスムーズな動きが止まってしまい、やはり、体力も気力も低下しているように見えますし、雑談の切れも今一つインパクトがありません。また、後継者が決まっていないことにも焦りがあるようです。多くの中小企業は、昔からある「イエ社会の家長制度」的な経営形態を続けており、株式会社の世界標準になっている「取締役会」や「内部統制」のやり方も未だに定着していません。その経営者は、独断専行的な意思決定ばかりで、いわゆる「排他的」、「自己執着性と閉鎖性（自己中心性）」、「自己拡大性」と言われるワンマン経営の下にあるように思われています。

しかし、最近では、この中小企業経営者にも明るい光が注がれ始めているようです。この光こそ、IT化の流れであり、IoT・AI・ビッグデータ・DXという「デジタル・データ化」ですし、それに伴う「内部統制」の浸透ということです。2020年2月以降、コロナ禍の対策として、多くの中小企業経営者は、「テレワーク」と「三密（密閉・密集・密接）防止」を励行しなければならなくなりました。テレワークを導入するためには、社内の職務分析を新たに行って、従来の仕事の流れを「デジタル・データ化業務」と「意思決定・判断業務」に区分するようにして、社長の独演会的な会議をオンライン会議に変更することに努める必要があります。また、三密防止によって、密室の意思決定やしきたり重視の行動から、風通しが良く透明性のある意思決定やより広範囲で迅速な情報開示も進み、新常態でコンプライアンス・ガバナンス（企業内のルール遵守・統制）の流れが広がるようになり、徐々にではありますが、「内部統制」も定着し始めています。「デジタル・データ化」に長けている若手従業員の多くは、社内での存在感や発言力がだんだん高まってきています。この流れは、現在のウィズコロナから今後のアフターコロナの時代になっても変わらないと思います。

一方、菅首相が唱え、各官公庁が一斉に力説を始めている「生産性の向上」が、コロナワクチンが接種されてコロナ禍が下火になった後の喫緊の課題になると思います。そして政府は、各中小企業に生産性の向上の数値的な結果を求めることになると思われます。中小企業が生産性を向上させ、GDP（国内総生産）の引上げに直結してもらいたいということです。と言いますのは、このまま中小企業の生産性が低いままならば、日本のGDPがどんどん低下していき、世界における日本のプレゼンス（存在感）が下がって、国としての発言力も低下してしまうからです。そこで、今回の「生産性の向上」の要請では、勤労者の最低賃金を国が決めて、その最低賃金水準まで、経営者に賃金アップの努力をしてもらいたいということです。まず、中小企業の人件費を増加させ、経営者自身が「生産性の向上」を目指して、その増加分を吸収してくださいというものです。「風が吹けば桶屋が儲かる」的に言えば、日本の勤労者の労働を高い賃金で評価し、そのアップした賃金を受け取ることで、個人の消費購買意欲が高まり、景気が上向いて、やがて企業の付加価値が上がって、生産性向上が達成されるということになるのです。そして、生産性の向上のために、政府としても、中小企業同士の統廃合や、大きい企業による中小企業のM&Aも、その選択肢に入れています。企業の規模が大きくなると、生産性の向上が進むという考え方です。実際、小さな企業が統合されて大きな企業になれば、企画部や人事部、事務部・システム部などの本部の管理部門の人員や機能が合理化され、それだけでも、企業としての生産性は向上しますから、全くその通りであると思います。

とは言うものの、中小企業の経営者は、「生産性の向上に努めるべき」と政府から言われても、特にどんなことをするべきか、よくわからないかもしれません。どの企業においても、生産性を上げることは、いつも考えていることであり、あえて「生産性の向上」の新しい施策など、なかなか湧いてくるものではないと思います。人員削減を通して売上をアップして付加価値を上げることが生産性の向上であり、具体的には、経営者は、新しい製品や商品を開発し、販売チャネルを開拓して、売上や利益を引き上げ、IT機器を導入して効率化を図ることが、生産性向上であると理解しています。社内のメンバーに対して、勤務時間内により多くの仕事をこなし、品質の良い製品を作って、最大限の売上・収益を上げることを期待し、従業員としても、周りの仕事の改善（業務改善）やQC活動の徹底を行いたいと思っています。政府から、「生産性の向上」と言われても、個々の中小企業の経営者としては、具体的な生産性向上の妙案が見えてこないかもしれません。

そこで、政府としては、令和2年7月に「成長戦略フォローアップ」で、「地域のインフラ維持と中小企業・小規模事業者の生産性向上」を唱え、施策の実践を目指して、KPI（重要業績評価指標）として、「中小企業から中堅企業に成長する企業が年400社以上となることを目指す」との目途値を示しました。また、平成27年1月に「中小サービス事業者の生産性向上のためのガイドライン」を公表しています。しかし、日本には中小事業者は約360万者います。このKPIの数値目標400社では、10年後の2030年でも4千社しか中堅企業に成長しないという数値になっていますので、これでは焼け石に水のようにしか思われないかもしれませんし、残りの約359万者がどうなるのか不安になってしまいます。確かに、今後、1年間で、一県当たり約10社の中小企業が中堅企業に成長する姿を見せて、多くの中小事業者が良き刺激を受けて発奮することになると思っているのかもしれません。おそらく、その10社に対しては、地域の行政機関や地域金融機関などが人材斡旋・資金投入・情報提供などの応援をして、その企業が中堅企業に成長する支援を実行することになると思います。そして、心ある中小企業経営者に自分の会社も成長を目指そうと思ってもらうことを目論んでいるのかもしれません。

もしそうならば、筆者としては、その約359万者の中小企業経営者の皆様に、直接、応援をしたいと思います。既に政府が公表している中小企業経営者向けの生産性向上のガイドラインに、筆者のコンサルタント時代と銀行員時代の経験に基づいて、政府とは別の角度から経営者にアドバイスをさせていただきたいと思いました。政府が公表した「成長戦略フォローアップ」「中小サービス事業者の生産性向上のためのガイドライン」「デジタルガバナンス・コード」などのガイドラインを、本書では、筆者の「生産性の向上」策の視点で、詳しく解説していくことにします。特に、コロナ禍において中小企業にも普及した「デジタル・データ化」や「内部統制（例えば、中小企業の取締役会の運営法など）」の紹介を交えながら、中小企業の経営者の目線で解説していきます。

今回の「生産性の向上」は、従来の「QC活動の業務改善」に象徴されるような、企業内の各部署の個々の事業に対する効率化・合理化のレベルに留まるものではなく、中小企業経営者の企業全体に対する構造改革、組織改編、さらにはSDGs（国連から発信された持続可能な開発目標）の考え方に沿った地域経済を巻き込んだ改革までを含んだものに、解説の幅を広げていきます。これは、中小企業経営者に対する経営意識の革新を狙ったものであり、経営者スキルの向上を期待するものとも言えます。既存の体制や従来のしきたりの延長線上にある、いわゆる「持続的イノベーション（改革）」から最新の「破壊的イノベーション」まで、そしてDX（デジタルトランスフォーメーション）をも求めるものです。現在急速に浸透している「デジタル・データ化」や「内部統制」の広がりの下で、経営者の意識改革になることを望んでいるのです。

本書の第2部では「事業生産性」として従来の「QC活動の業務改善」的な事例に沿った解説を試み、第3部では「企業生産性」として「デジタル・データ化」「内部統制」の環境を意識して、今後の生産性向上策の解説をしています。今後の「生産性の向上」については、中小企業の経営者の皆様には「事業生産性向上」に留まることではなく、「企業生産性向上」にまで進んでいただきたいと願っているのです。この「企業生産性向上」こそ、「経営者の生産性向上」というものであり、連れて、日本のGDPの引上げ策を目指した真の生産性の向上ということになると思っています。

中村　中

Contents

第3部 デジタル・データ化と新ガバナンスシステムによる「企業生産性」の向上

第1部

日本の中小企業ならではの「生産性」の諸課題

労働力や設備などの資本また技術などの諸要素を投入して製品・サービスなどの生産物を産み出しますが、生産性とは、これらの生産諸要素の有効利用の程度を表すものです。すなわち、労働や設備などによって、極力、多くの生産物を産み出すための目途ということです。少ない労働力で、多くの付加価値を産み出すことができれば、生産性が上がったことになるのです。

1 中小企業経営者の生産性向上の歴史

1 昭和後半期は日本の成長期で生産量の増加に注力し生産性向上への意識は大きくなかった

昭和後半の時代では、一般的には、中小企業経営者も40歳前後であり、将来の会社の成長に対するチャレンジ意欲も大きいものがありました。この頃は社会インフラも個人の資産も乏しく、企業も個人も投資意欲が旺盛でした。

経営者の考え方も、会社という組織のリーダーという意識よりも、家族の中の家長という意識が強く、昔から日本で定着している「イエ社会」の意識が経営者の考え方のベースになっていました。経営者も、家族における「家長」のイメージが強く、家長としての責任感や親分意識を前面に出して、従業員に対しても子どもや年下の兄弟に対する感覚で接していました。当然ながら、家族意識の下、終身雇用や年功序列の考え方がベースになっており、従業員に対しても家長として何でも面倒を見ようと思っていました。従業員としても、定年までこの会社で過ごし、社員旅行には自分の家族も同行するものでした。

一方、経営者の社長も、ほとんどが創業者であり、創始者の気概を持っていました。2代目社長であっても創業社長と苦しい戦後の混乱期を戦った戦友的な感覚でしたので、ほとんどの社長は親分肌の経営者の雰囲気を持っており、人情味もありました。経営者が創業者であれば、経営の意思決定は、熟慮しながらもスピードも速く、そのフォローも自らの責任で行っていました。地域とのパイプも、商工会や商工会議所またロータリークラブ・ライオンズクラブなどを通して繋がり、町内会のイベントや地元のお祭りなどにも積極的に参加していました。現在のSDGs（国連で決めた持続可能な開発の17の目標）的な考え方も地域共同体活動の中で習得していました。業界団体の活動も活発であり、企業に関係するステークホルダー（利害関係人）への配慮も強く持っていました。

従業員も企業を終身雇用の勤務先とみなして、就職試験も狭き門でしたので、受験する企業については真剣に情報収集も行っていました。そして、いったん、就職が決まれば、どこの企業でも、新人教育は長い時間をかけて教育担当者も決めて丁寧に取り組んでいました。従業員も転職など考えずに、一生のスキルを身につけるつもりで、知識や技術の習得に注力し、経営理念や社是があるならば毎朝の朝礼で唱和することも、特に違和感も持たずに行っていました。

また、金融機関もメガバンク（都市銀行）であったとしても、地域の金融機関の意識が強く、メイン銀行であるならば、その責任感も大きなものがありました。企業の業績が低下すれば、メイン銀行が経営者に助言・相談を行い、複数行取引であったならば、メイン銀行が他の金融機関を取りまとめて、その企業への融資支援や営業支援までも行ってくれました。借りている融資の返済に困った場合も、メイン銀行のアドバイスを受けて、他行との返済交渉も円滑に行うことができていました。そのように、メイン銀行と企業は一心同体でしたから、万一、メイン銀行が返済を迫ってその企業を倒産させるようなことにでもなれば、メイン銀行が社会的に非難を浴びることになっていました。昭和後半の時代においては、証券不況やオイルショックなど中小企業にとって苦しい時期もありましたが、やはり、中小企業にとっては、メイン銀行は信頼できる存在でした。

とは言うものの、総じて、昭和後半の時代は日本全体として経済成長が続いていましたので、設備投資も積極的に行われ、各企業とも売上は上伸し、返済財源もほどほどに確保される状況でした。また、経常単名貸出・コロガシ貸出という返済なし融資もあり、金融機関も丁寧に説明すれば返済を迫ることもありませんでした。金融機関からの借入れも不動産を担保に入れておけば、土地などが値上がりして資金調達力も徐々に増していました。期日に返済できない借入れも、会社の資産を売却すれば完済できる状況でした。

このことは、企業の設備投資や個人の住宅や耐久消費財の投資なども活発であり、労働生産性（＝付加価値÷労働時間）における分子の付加価値も順調に増加し、分母の従業員の残業時間が多少延びて労働時間が増えたとしても、結果として生産性の数値はかなり高い水準になっていました。この頃も、生産性は企業の重要な経営指標でしたが、中小企業の経営者にとっては、努力して生産性の指標を良い数字として引き上げたいと思うほどには気になる指標にはなっていませんでした。

職場においては、品質管理のQC（Quality Control）活動が行われ、主に製造業においては、QCサークルが自発的に作られて小グループで品質向上のための努力が行われるようになりました。多くの中小企業でも、全社的に品質管理活動が実施され、その一環として自己啓発、相互啓発を行い、QC手法を活用して職場の管理、改善を継続的に全員参加で行うこともありました。この活動が広がったせいか、経営者の中には、このQC活動と生産性向上運動を同一視する人もかなりいます。と同時に、生産性向上は、従業員やその部署の活動であり、経営者が直接踏み込んで自ら汗をかくようなテーマではないと思っている人もかなりいました。

いずれにしても、昭和後半の時代は、生産性向上運動は、従業員や各部署におけるQC活動の一種であって、職場の効率化や業務コストの削減で、企業全体の付加価値増加には、直接影響するものではないと思われていたようです。とは言うものの、そのころは、バブル前で、日本の経済成長やGDPの躍進は顕著であって、あえて、「生産性向上」の指標を好転させて、さらに成長曲線を引き上げようという空気もそれほどはありませんでした。

2 平成時代の中小企業経営者の生産性向上意欲の減退

(1)バブル崩壊の後遺症とデフレによる経営者の投資意欲の減退

1986年から1990年頃にかけて株価や地価など資産価格の急激な上昇とそれに伴う好景気のことをバブル経済といいますが、その価格の膨張とその後の崩壊が、多くの中小企業の経営者の経営理念を傷つけ、金融機関の中小企業への融資姿勢を狂わすことになってしまいました。金融機関や中小企業の経営者などは急激な資産価格の上昇時に、その資産を担保にして、従来では考えられないような巨額の融資を提供しそれを受け入れました。高騰した資産を売却して大きな利益を得る経営者も増えていました。金融機関も中小企業の経営者に融資をし、そこで大きな利益を獲得してもらおうと、機械的に融資をするようになっていました。

しかし、1990年に入ると、株価が急激に下がり、少しして地価も下がりはじめ、ついにバブル経済は終わることになりました。日銀は低金利政策をやめ、利上げに転じ、政府も1990年3月から不動産向け融資を規制しました。こうした措置に加え急激に上がった株価も地価も急落し、長い低迷期に入りました。ある意味ではデフレとして、現在もその後遺症が続いているともいえます。このバブル崩壊後、コロナ禍の現在までも、「失われた30年」と言われています。

バブルを経験した中小企業の経営者の中には、急落した株式や不動産と大きな借金を抱えてしまい、それまで続けてきた堅実経営ができなくなり、また金融機関も返済目途が立たない融資を巨額に抱え込むようになって、かつてのような取引先の資金ニーズに沿った地道な融資活動も、相談しながら支援するコンサルティング営業も、なかなかできなくなってしまいました。金融機関は、バブル期の融資に対し、銀行内の帳簿に決められた引当金を積み増すこともできず、このことが日本の金融機関の信用問題にまで発展し、ジャパンプレミアムというペナルティ金利の仕打ちをも受けるようになりました。そこで、1999年には、銀行の融資に対する正しい引当金の積み方のガイドラインを記した「金融検査マニュアル」が公表され、金融機関としては、取引先企業に手の平を返すような厳格な対応を実施するようになりました。

具体的には、金融機関は、中小企業の立替運転資金ニーズを「返済なしの経常単名資金融資・コロガシ融資・当座貸越融資（融資枠）」などで支援していましたが、その残高を削減するために、毎月の返済を励行させて、数年で回収することになりました。また、すべての融資先に対して、前期の決算書の数値を金融機関内部で作成したスコアリングシートで機械的・画一的に評価して、債務者区分（格付け）を算定しました。この債務者区分において、正常先・要注意先と算定された企業を除いて、実質的に貸し渋り・貸し剥がしを行い、新規の貸出しは断り、既存の融資は返済を迫るようになりました。金融機関の融資回避の動きは、債務者区分（格付け）が低下したメイン取引先企業に対し、自行の融資を他行にシフトさせることも生じ、かつてのメイン銀行への信頼は崩れ、中小企業経営者の自信も弱めることになりました。これは、中小企業経営者の業績向上や投資の意欲を削ぎ、生産性の向上の意欲も低下させることになりました。同時に、中小企業経営者の多くは、大きな負債を抱え、バブル崩壊後のデフレ環境とその後遺症で、設備投資や在庫投資なども低下し、生産性も低下させるようになりました。その痛みがやっと解消しようとしていた2008年にはリーマンショックが起こり、2011年には東日本大震災に見舞われ、想定外の不況を経験することになってしまいました。その苦境のなか、高齢化が進行してきた中小企業経営者の事業承継も進まず、一層、生産性の向上マインドが低下するようになりました。最近では、金融円滑化法による返済猶予やコロナ禍の売上の低下で、中小企業では大きな負債を抱えたまま、なかなか新たな投資に踏み切れず、連れて、生産性の向上も見込めない状況にあります。

（2）1999年以降の中小企業経営はイエ社会の家長制から核家族化に変化している

中小企業は、従来からイエ社会の経営体質を持っており、経営者は家長として「ワンマン経営体制」を敷いていましたが、このことが逆に、事業承継を進めるためには、一般的にはネックになってしまったようです。中小企業の経営者の中には、金融機関から大きな負債を抱え、返済猶予を受けており、バブル崩壊後のデフレ環境下、設備投資や在庫投資などの生産性向上に繋がる施策も打てなかったようです。そのうえ、ワンマン経営を実践しており、一人で経営の意思決定を行わなければならず、経営者自身も後継者に引継ぎの決断ができず、また後継者候補がいたとしても、その候補者は引継ぎを受けても同様な経営を続けることができないと思ってか、円滑な引継ぎは難しかったようです。事業承継を先延ばしにして、その様子見をしていくうちに、経営者も年齢を重ねて、その経営者は、一層、保守的で守りの経営になってしまい、生産性の向上には繋がらなかったようです。

とは言いながら、40～50歳の2代目や3代目への事業承継が全くなかったということではありません。しかし、引継ぎを受けた経営者の多くは、従来のイエ社会における家長制には馴染まないようです。即断即決の前任のワンマン経営者のやり方にはギャップを感じることも多かったようです。

かつての家長制のイエ制度は、既に核家族態勢に変わっており、夫婦の発言力は拮抗し意思決定は両者の合意が前提になっています。一人で腹をくくって意思決定を行うことはなかなかできなくなっているようです。多くの若手経営者は、即断即決で自分が決めた施策をガムシャラに遂行する力はなくなっており、総じて、前例に従って先輩の意見を尊重する傾向にあります。一方、先代の業績を維持しなければならないという思いも強く、当面の日常の営業活動に注力するあまり、設備投資や在庫投資、組織再編、内部統制の変更、また、経営理念の構築、経営計画の策定や実行などの改革は行うことができず、生産性の向上のパワーはなかなか生まれなかったようです。

すなわち、創業者ならば、イエ制度の家長のように、自分のやりたい方向や経営ビジョン・戦略を社員全員に強く言い込んで、各メンバーに役割分担を徹底させ、企業全体をまとめることもできたようでしたが、変化の激しい情報化社会やデジタル・データ化の進んだ製造環境や営業環境においては、冷静な情報分析と的確な意思決定は、ワンマン経営者にはなかなか難しいようでした。また、第2創業者で気概を持ってチャレンジしている後継者もいるものの、多くの若手経営者は、社員全体を掌握し、同じ方向に向かせて、活気のある経営を行うケースは少ないようです。やはり、現在の中小企業経営者は、円滑でタイムリーな経営の意思決定を行って、従業員などのステークホルダーの志気を高めて、生産性の向上を達成することが必須ですが、実際には、このような方向転換は難しいようです。

3 労働生産性の実態

さて、2020年版の中小企業白書によれば、最近の約20年の「従業員一人当たり付加価値額の推移」などの動向は以下の通りです。労働生産性の推移は、中小企業の製造業・非製造業ともに、大企業に比べて生産性が極端に低くなっています。OECD加盟国の労働生産性順位もその平均上昇率も低位に甘んじています。

第1部　令和元年度(2019年度)の中小企業の動向

第2章　中小企業・小規模事業者の労働生産性

将来的に人口減少が見込まれる中、我が国経済の更なる成長のためには、359万者のうち99.7%を占める中小企業が労働生産性を高めることが重要となってくる。本章では、中小企業・小規模事業者の労働生産性について現状を把握していく。

第1節　労働生産性の推移

第1-2-1図は、企業規模別に、従業員一人当たり付加価値額（労働生産性）[1]を示したものである。大企業について見ると、リーマン・ショック後に大きく落ち込んだ後、緩やかな上昇傾向で推移している。一方で中小企業は、大きな落ち込みはないものの、長らく横ばい傾向が続いており、足元では大企業との差は徐々に拡大していることが分かる。

1　労働生産性の算出に当たっては、厳密には分母を「労働投入量」（従業員数×労働時間）とする必要があるが、本白書ではデータ取得の制約等から、分母に「従業員数」を用いている点に留意されたい。

第1-2-1図 企業規模別従業員一人当たり付加価値額(労働生産性)の推移

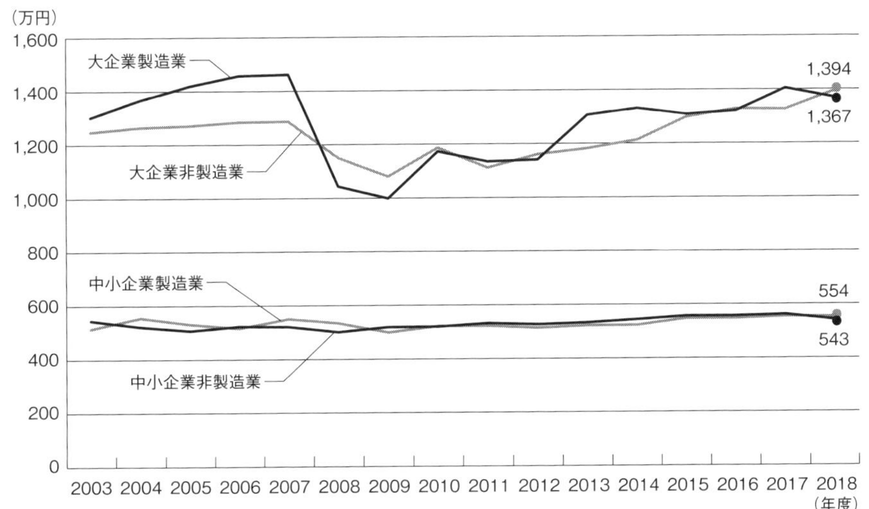

資料：財務省「法人企業統計調査年報」
(注)1.ここでいう大企業とは資本金10億円以上、中小企業とは資本金1億円未満の企業とする。
2.平成18年度調査以前は付加価値額＝営業純益(営業利益－支払利息等)＋役員給与＋従業員給与＋福利厚生費＋支払利息等＋動産・不動産賃借料＋租税公課とし、平成19年度調査以降はこれに役員賞与、及び従業員賞与を加えたものとする。

続いて、労働生産性の構成要素である資本装備率について見る。生産性を向上させるためには、機械や設備への投資は有効な手段の一つであり、こうした機械や設備への投資の程度を表すのが資本装備率である。第1-2-2図を見ると、製造業、非製造業共に大企業と中小企業の格差が大きく、労働生産性の規模間格差につながっていると考えられる。

第1-2-2図 企業規模別・業種別の資本装備率

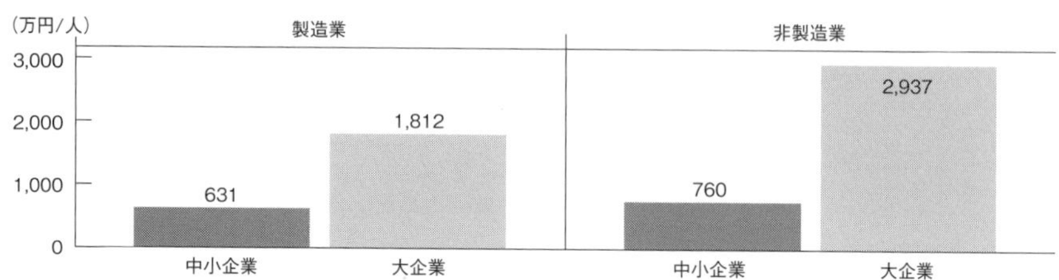

資料:財務省「平成30年度法人企業統計調査年報」
(注) 1.ここでいう大企業とは資本金10億円以上、中小企業とは資本金1億円未満の企業とする。
2.資本装備率=有形固定資産(建設仮勘定を除く)(期首・期末平均)/従業員数

第1-2-3図は、我が国の労働生産性について国際比較したものである。まず、労働生産性については、OECD加盟国36か国中21位とOECD平均を下回り、首位のアイルランドの半分程度の水準である。また、2015年から2018年にかけての労働生産性の平均上昇率については、日本はOECD平均を大幅に下回ってマイナスであり、OECD加盟国36か国中35位となっている。

第1-2-3図 OECD加盟国の労働生産性

①労働生産性(2018)

国	(購買力平価換算USドル)
アイルランド	178,879
ルクセンブルク	153,423
米国	132,127
ノルウェー	129,621
スイス	123,979
ベルギー	120,983
オーストリア	113,593
フランス	111,988
デンマーク	111,393
オランダ	110,321
イタリア	108,890
オーストラリア	107,538
ドイツ	106,315
スウェーデン	105,977
フィンランド	104,129
アイスランド	102,175
スペイン	96,010
カナダ	95,553
英国	93,482
イスラエル	90,813
日本	81,258
トルコ	80,415
スロベニア	80,215
チェコ	79,774
韓国	77,219
ニュージーランド	76,052
ギリシャ	75,284
ポーランド	72,198
スロバキア	71,978
リトアニア	71,957
エストニア	71,481
ポルトガル	70,597
ハンガリー	67,041
ラトビア	65,023
チリ	56,305
メキシコ	46,717
OECD平均	98,921

②労働生産性平均上昇率(2015〜2018年)

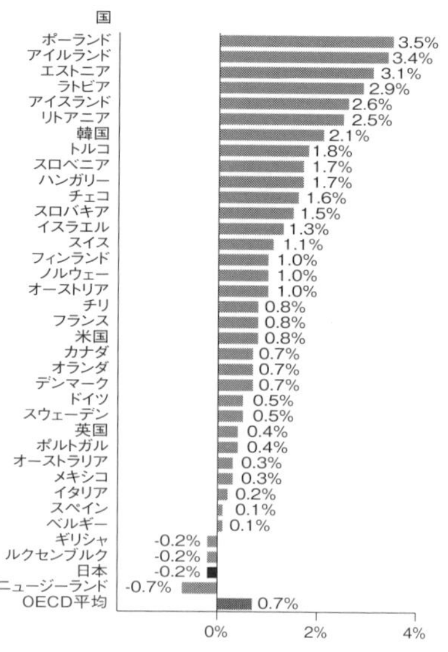

資料:日本生産性本部「労働生産性の国際比較2019」
(注) 1.全体の労働生産性は、GDP/就業者数として計算し、購買力平価(PPP)によりUSドル換算している。
2.計測に必要な各種データにはOECDの統計データを中心に各国統計局等のデータが補完的に用いられている。

この状況を克服するためには、政府は、「中小企業の規模の拡大や最低賃金の引上げ」を行い、「デジタル化と地域インフラ・行政機関支援による生産性の向上を図る」という施策を出していますが、はたして、現在の中小企業として、その生産性向上を実行に移すことができるのでしょうか。現在、中小企業は359万者ありますが、中小企業の経営者の考え方が変わらないままで、また、教育が徹底しないままで、実践できるか否か、疑問に思われます。高齢化した保守的な経営者や、かつてのイエ制度から核家族化に馴染んだ若手経営者が、生産性向上の企業にレベルアップできるか、不安に思われます。

2 中小企業の生産性向上への諸施策

1 中小企業の「生産性指標」は業績把握の指標から企業自体の目標になる

一般に中小企業は、仕入先・取引先や金融機関などのステークホルダー（利害関係人）に対して、財務情報や非財務情報によって、自社の業績・財務内容・収支状況などを報告することになっています。これらの情報は、主に融資を行う各金融機関が個別に融資先に求めていたものでしたが、2015年以降は、経済産業省が「ローカルベンチマーク」として以下の通達で示す様式に従って、中小企業自身が自主的に作成することになりました。その後、このローカルベンチマークは、各中小企業に浸透するようになって、現在に至っています（ローカルベンチマークについては、『ローカルベンチマーク～地域金融機関に求められる連携と対話』（中村中著、ビジネス教育出版社発行を参照）。

ローカルベンチマーク（通称：ロカベン）

会社が 病気に なる前に。

ローカルベンチマークは、企業の経営状態の把握、いわゆる「健康診断」を行うツール（道具）として、企業の経営者等や金融機関・支援機関等が、企業の状態を把握し、双方が同じ目線で対話を行うための基本的な枠組みであり、事業性評価の「入口」として活用されることが期待されるものです。
具体的には、「参考ツール」を活用して、「財務情報」（6つの指標※1）と「非財務情報」（4つの視点※2）に関する各データを入力することにより、企業の経営状態を把握することで経営状態の変化に早めに気付き、早期の対話や支援につなげていくものです。

（※1）6つの指標；①売上高増加率（売上持続性）、②営業利益率（収益性）、③労働生産性（生産性）、④EBITDA有利子負債倍率（健全性）、⑤営業運転資本回転期間（効率性）、⑥自己資本比率（安全性）
（※2）4つの視点；①経営者への着目、②関係者への着目、③事業への着目、④内部管理体制への着目

このローカルベンチマークは、中小企業経営者が金融機関や行政機関・その支援機関等と対話を通じて、企業の現状や課題を理解し、個々の経営改善に向けた取組みを支援してもらう手段となっています。

そのために、このローカルベンチマークは二段階の構成となり、まず、「第一段階」として、地域の産業構造や雇用の状況、内外の取引の流れ、需要構造等に関するデータにより、地域の経済・産業の現状と見通しの把握・分析を行っています。

次に、「第二段階」として、金融機関などが個別企業について、財務情報や非財務情報をもとに、対話を通じて企業の成長余力や持続性、生産性等の評価を行います。

その「第一段階」と「第二段階」の内容は以下の通りです。

ローカルベンチマークの内容

●地域の経済・産業の視点と個別企業の経営力評価の視点の2つから構成される。

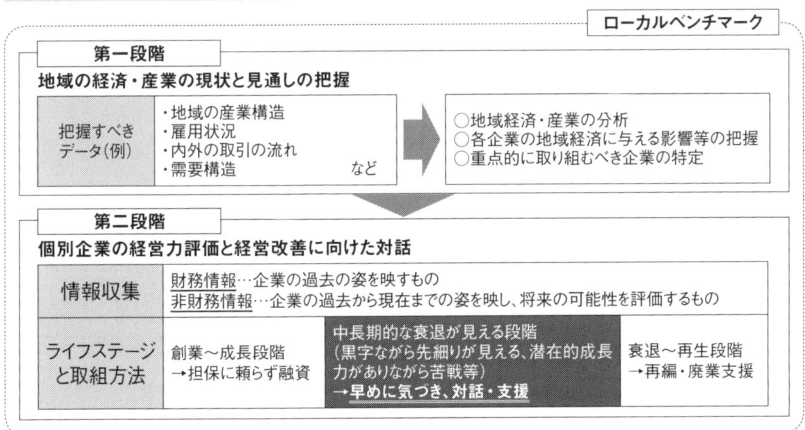

さらに、この「第二段階」の財務情報と非財務情報については、以下に示す通りです。

＜第二段階＞個別企業の経営力評価と改善に向けた対話(企業の健康診断)

●財務情報と非財務情報から、企業の経営力や事業性を理解、評価する。

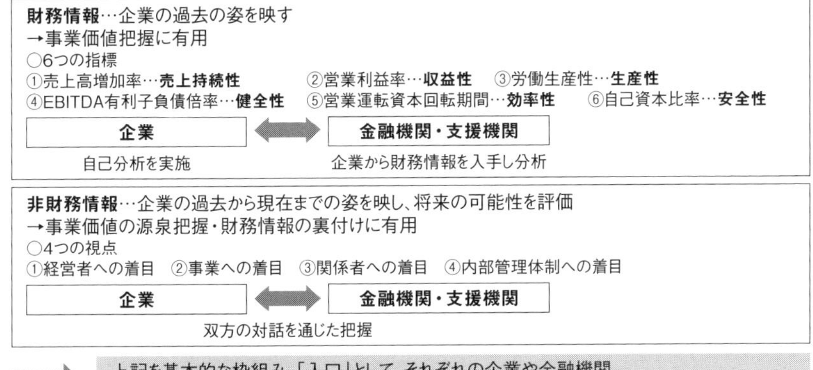

ここまで見てくると、「生産性（≒労働生産性）」は、企業に対する財務情報の6つの指標の一つとして扱っていることがわかります。この生産性については、以下の通りに企業の実態を俯瞰する場合の部分的な指標になっています。上記の「第二段階」の③労働生産性（＝営業利益／従業員数）は、次頁の図表では35指標の一つ（〈生産性〉⑧）になっています。

<第二段階>財務情報に基づく分析

●企業の成長性や持続性等を把握し、対話を行うためのきっかけとなる6指標を抽出。

① 売上増加率（＝（売上高/前年度売上高）－1）

・キャッシュフローの源泉。
・企業の成長ステージの判断に有用な指標。

② 営業利益率（＝営業利益/売上高）

・事業性を評価するための、収益性分析の最も基本的な指標。本業の収益性を測る重要指標。

③ 労働生産性（＝営業利益/従業員数）

・成長力、競争力等を評価する指標。キャッシュフローを生み出す収益性の背景となる要因として考えることもできる。
・地域企業の雇用貢献度や「多様な働き方」を考えれば、本来、「従業員の単位労働時間あたり」の付加価値額等で計測すべき指標。

④ EBITDA有利子負債倍率（＝（借入金－現預金）/（営業利益＋減価償却費））

・有利子負債がキャッシュフローの何倍かを示す指標であり、有利子負債の返済能力を図る指標の一つ。

⑤ 営業運転資本回転期間（＝（売上債権＋棚卸資産－買入債務）/月商）

・過去の値と比較することで、売上増減と比べた運転資本の増減を計測し、回収や支払等の取引条件の変化による必要運転資金の増減を把握するための指標。

⑥ 自己資本比率（＝純資産/総資産）

・総資産のうち、返済義務のない自己資本が占める比率を示す指標であり、安全性分析の最も基本的な指標の一つ。自己資本の増加はキャッシュフローの改善につながる。

検討会委員より推薦があった35指標

財務指標（定量）

＜成長性＞
①収益性およびその推移
②売上増加率
＜収益性＞
③粗利率
④営業利益率
⑤経常利益率
⑥固定費比率
⑦付加価値率
＜生産性＞
⑧労働生産性
＜安全性＞
⑨自己資本比率
⑩純資産額
⑪流動比率
⑫固定長期適合率
⑬EBITDA有利子負債倍率
⑭経常収支比率
＜効率性＞
⑮営業運転資本回転期間

非財務指標（定量・定性）

＜経営者への着目＞
①経営者自身について
②経営者の思い、事業の方向性、ビジョン、経営理念
③経営者の再生に対する意識、スタンス
④後継者の有無
＜事業への着目＞
⑤商流について、製品、サービス、ビジネスモデルについて
⑥企業及び事業の沿革
⑦事業用資産と非事業用資産の区別
⑧技術力、販売力の強み、課題はどこにあるか
⑨取引先数
⑩企画から商品化するまでのスピード、一単位あたりの生産時間
⑪ITの能力、イノベーションを生み出せているか
＜企業を取り巻く環境、関係者への着目＞
⑫市場規模・シェア、競合他社との比較
⑬顧客リピート率、主力取引先企業の推移
⑭従業員定着率、従業員勤続日数、従業員の平均給与
⑮取引金融機関数とその推移
＜内部管理体制への着目＞
⑯同族企業か否か、社外取締役の設置状況、組織体制
⑰経営目標の有無と達成状況
⑱人事育成のやりかた、システム
⑲社内会議の実施状況
⑳コンプライアンス上の問題が無いか

しかし、菅政権における中小企業の「生産性（≒労働生産性）」は、中小企業が日本のGDP、すなわち、国力を盛り上げるための重要な独立した指標ということで、クローズアップされています。

中小企業の業務に携わる読者の多くは、未だに、「生産性」とは、このローカルベンチマークにおける財務情報の一つの要素であると思っているかもしれませんが、今後は、日本の国力増強の重要なバロメーターになると思います。企業のステークホルダーに対する評価を高めることや、金融機関からの資金調達を円滑に行うためにも、これからは、この生産性の指標が、「ローカルベンチマーク」と同様に、重要な目処になるということです。

2 「生産性」の分析と指標

労働生産性は「従業員一人当たり付加価値額」である旨を述べてきましたが、ここでは、その生産性をさらに深く考えていくことにします。

そもそも、「生産性」とは、生産するための諸要素（労働力、設備などの資本、技術など）を投入することで生まれる産出物（製品・サービスなどの生産物）の有効な利用度を表すものです。生産するための諸要素すなわち経営資源ですが、その投入効果を把握し、具体的に投入量を決めたり、経済構造のレベルアップを図ることが、この生産性の検討になり、連れて、日本経済や中小企業群への貢献度を見極めることになるということです。

このことを式で表せば、以下の数式になります。

$$\text{生産性} = \frac{\text{産出(output)}}{\text{投入(input)}}$$

生産するための諸要素が投入後に効果的に使われ、どれだけの産出物が生まれたかを見るには、その割合で表すことが必要で、これが生産性ということになります。また、生産諸要素の有効利用度の評価をする場合、前年比、前期比、同業他社比、業界比、自社目標比など、数値の比較を行うことで、その理解が深まります。

その際、以下で示す「物的生産性」や「付加価値生産性」の見方によっても、より客観的な評価ができ、効果的な施策や方針決定を行うことができます。将来の業務評価、またモニタリング評価を行う時には、この「物的生産性」や「付加価値生産性」で把握することが役立つこともあります。

すなわち、「物的生産性」とは、生産するものの大きさや重さ、またはその個数などといった物量が産み出される効率を言います。生産現場などで、生産効率を測るときには、物量を単位として生産性を測定することが求められます。生産能力や生産効率の時系列的な推移を知りたいときは、物的生産性が利用されます。

「付加価値生産性」とは、企業が新しく生み出した金額ベースの価値、つまり生産額（売上高）から原材料費や外注加工費、機械の修繕費、動力費など外部から購入した費用を除いたものが産み出される効率を言います。一般に、企業は原材料など外部から購入したものを加工したりして製品を販売しますが、その際に手を加えることで、新たに付け加えた価値を金額で表したもの、その付加価値の効率を付加価値生産性といいます。

物的生産性と付加価値生産性

〈物的生産性〉

労働生産性（1人当たり）＝ 生産量 ／ 労働者数

労働生産性（1時間当たり）＝ 生産量 ／ 労働者数×労働時間

資本生産性 ＝ 生産量 ／ 資本ストック量

全要素生産性 ＝ 生産量 ／（労働＋資本＋原材料等）合成投入量

〈付加価値生産性〉

労働生産性（1人当たり）＝ 付加価値額 ／ 労働者数

労働生産性（1時間当たり）＝ 付加価値額 ／ 労働者数×労働時間

資本生産性 ＝ 付加価値額 ／ 資本ストック量

全要素生産性 ＝ 付加価値額 ／（労働＋資本＋原材料等）合成投入量

（出典）日本生産性本部HP

一般的に企業内部やステークホルダーなどにとっては、損益計算書や貸借対照表が企業の実態を把握しやすいものになっていますが、自社の経営資源の投入に対する産出効果については、直接は評価しにくいものです。しかし、付加価値生産性は、人件費として労働に分配され、利益や配当などとして資本にも分配される数値が見えます。生産性向上の成果をどう分配するかという問題を考えるにあたっても、上記の付加価値生産性の労働生産性の数値が重要な指標のひとつとして浮き彫りにされます。付加価値の数値評価の方が、客観的な評価が可能になります。

しかも、各企業の損益計算書における営業利益や経常利益などについては、企業ごとの年間の財務調整や税務調整で、必ずしも直近1年間やその期の付加価値を表すことにはなりません。これを、直接、付加価値として、また付加価値生産性として見ることができれば、企業の経営資源投入や成果の産出が明確になります。その延長線上に、国の実質GDPも産出されれば、より客観性のある比較ができることになります。

3 中小企業の「生産性向上」対策とは

以上、生産性の分析や指標について、細目まで突っ込んで話してきましたが、一般的には、「生産性の向上」とは、「一人の企業内担当者が、いかに付加価値を多く産み出すか」ということで捉えられていました。しかし、今後の「生産性の向上」は、デジタル・データ化の広がりによって、「一つの企業が経営者の手腕によって、いかに付加価値を多く産み出すか」ということに、その見方が広がっていくものと思われます。従来の生産性向上の議論は、経営内容よりも従業員の業務活動に重点が置かれ、一人の担当者の行動の改善度が、どのくらいの付加価値を産み出すか、という業務改善とか、QC活動というような議論に収斂するようでしたし、企業担当者の行動に関する一問一答のやりとりが議論の中心を占めていたようでした。生産性の専門家は、一人の担当者でも簡単に実行に移せるような、耳触りの良いアドバイスを行うことが多く、即断即決ですぐに効果が見えたり、投入と産出の因果関係が明確な改善策を話しては評価を得ていました。その点、前段で述べた「ローカルベンチマーク」や「生産性理論」などという企業ベースの理屈っぽい複雑な理論は敬遠され、目に見えてわかりやすい業務改善の指摘や対策が生産性に関する議論の中心になっていました。したがって、生産性については、「一人の人材または一つの部署の効率化で、直ちにその効果が見えるアドバイスが有難いもの」として扱われ、一方、企業ベースで持続可能性が高く、長期的でワイドなアドバイスはあまり受け入れらないようでした。

しかし、今般、菅内閣が推進している「生産性の向上」や、2020年版の中小企業白書における「生産性の向上」については、個々の担当者や部署の話から、企業ベースに変わってきました。「中小企業の生産性を向上するために、企業の統廃合なども視野に入れて、企業規模の拡大を図り、最低賃金の引上げをきっかけにして、中小企業が産み出す付加価値を高めて、連れて日本のGDPの引上げに努めよう」という趣旨ですから、これは、「企業全体を一つの単位として、企業自体の付加価値の向上に努めよう」というものです。

ということで、これから、今まで広く受け入れられていた「生産性の向上」のアドバイスから、企業ベースの生産性向上の施策へと変わり、それぞれの企業の生産性向上の積上げ数値が、日本全体のGDPの引上げ金額に繋がることを、想定するようになっていくことになります。

このような状況を踏まえて、中小企業の「生産性向上」対策を見ていくことにします。

(1) 不要労働時間とマルチタスクの回避

まず、業務内容について述べます。

日本の中小企業の生産性の低さの原因として、多くの中小企業の従業員からは、「業務内容が効率化されず、労働時間が長すぎる」と言われていました。

このことは、労働時間が長すぎるということで、一人の労働者の1時間当たりに産み出す生産量や付加価値が少ないことを表します。今まではこの対策として、その従業員や部署の上司が仕事の効率化を考え、自分の部署や部下の仕事を他の部署に移したり、パソコンなどを導入して作業の合理化を図る工夫をしました。また、この長時間労働に対する従業員のストレスや疲労の蓄積による作業のミスや事故に対して、ダブルチェックを行うような改善もしました。例えば、決算業務や給料支給業務を行う経理部の担当者の残業が多く、パンク状況になったとしたならば、その担当者の上司は、急遽パソコンの導入を図り、他の営業部・製造部・人事部などに、その経理部の業務を分散させることにしたかもしれません。この経理部の上司は、当面、自分の部署の生産性は高まって一息つくと思いますが、これでは、この企業全体としては、生産性が高まったことにはなりません。部署の生産性は、一時的に高くなったとしても、長い目で見れば、企業全体としての生産性は高まったとは言えません。

また、従業員の職務では、二つ以上の仕事を並列処理させること（マルチタスク）も実際に多く行われていました。指揮命令のラインが曖昧のまま、仕事の現場では、年齢や職歴のプレッシャーで、マルチタスクが見直されないまま、放置されていることもありました。業務の同時処理は、一つの仕事に集中できず、マルチタスクは目まぐるしくスイッチを切り替えなければならず、担当者としては大きなストレスを強いられてしまいます。

複数の部署を管轄する経営者や企業全体の意思決定や監督を行う取締役会は、全社ベースの生産性の向上に真剣に取り組む必要がありますから、このマルチタスクについても十分に注意を払う必要があります。特に、経営者は、経営方針や意思決定プロセス、監督、モニタリングシステム、内部組織の改編、経営改善計画策定などもしっかり行い、「生産性の向上」を図らなければなりません。同時に、外部環境や内部環境を見極めながら、企業としてのコア事業とノンコア事業を分け、従業員のストレスが溜まるマルチタスクのような業務や効果が見えない作業は削ることが必要です。

そして、すべての従業員に対して、日々の作業に必要な情報や、自社が何を目指しているのかという情報を共有化することも重要です。これらの一連の動きが結果としてモチベーションを高めることになるのです。

(2)必須である社内低採算業務の付加価値へのシフト

次に、付加価値へのシフトについて見ていきます。

生産性（＝付加価値／労働力）における付加価値の増加には、労働力の投入コストを企業の売上や利益の増加で補填するべきです。

「取引先から求められているサービスの質が高すぎるために、従業員の労働時間を投入し過ぎて、お金にならない」という悩みを中小企業からよく聞きます。売上や利益の交渉の窓口である営業部または経営者が、営業部門や製造部門の業務を分析し、従業員がサービスの質を高めるために労働時間をいかに投入しているかを認識することが大切です。そうしなければ、取引先に対して価格引上げ交渉を強く行うことができません。

例えば、お中元・お歳暮の配送において、高級な包装紙で包んで、日本全国どこにでも無料配送するサービスは、採算割れになってしまうことが多いようです。競合店や競争企業がこれらのサービスを無料で行っているならば、営業戦略上、自分の企業だけが追加手数料をもらったり包装サービスを断ることはできないと考えられます。また、他の付随業務で大きな収益が上げられるならば、例外的に無料サービスを行うことも妥当かもしれません。しかし、通常業務において、この無料配送や包装サービスなどは付加価値の低下になってしまいますし、連れて、生産性の押下げに繋がることになります。とは言うものの、これは、担当部署の業務の効率化では解決できない問題で、経営の問題になります。この企業の経営者が、過剰サービス労働の実態を把握して、その労働状況に見合った正当な価格交渉を、取引先また仕入先に対して行うことが重要です。

(3)モラールダウン要因の除去

さらに、モラールダウンに繋がる問題もあります。

社内における勤務状況として、「予定にない会議を頻繁に行い、メールで済むこともわざわざ会議を開催しているし、電話も多すぎる」ということもよく聞かれます。未だに、会議は、昔からの慣わし的なイベントや、トップまたは部課長の恣意的な思いによって開催されるものかもしれません。しかし、コロナ禍の対策として、「三密（密集・密接・密閉）」に抵触する会議の意義が見直されるようになりました。

例えば、コロナ禍で、テレワークが広がることによって、会議の削減が勧められ、オンライン会議や電話が推奨されています。従来の会議も大きく変わり、企業内部の管理業務も大きく効率化されました。会議前の資料作成や根回しも縮小され、かなりの時間短縮が実施されています。また、営業活動についても、恒常取引先への御用聞き訪問や顔見世の業務も、オンライン会議に吸収されており、営業担当者の販売業務や仕入業務も在宅のテレワークにシフトされています。そこで、高いお金をかけて作成する会社案内よりも、ホームページにいろいろな機能を付けてセールスする方がよいとされています。実際に、新規先の取込みにも効果が上がることもわかってきています。「チャット」の利活用が進めば、会議録の作成も効率化され、「ライン」や「フェイスブック」などの機能でも、会議の機能を代替できるとされています。ITツールを利活用して、データの集計や分析などを自動化し、人材や資本また技術力などの経営資源の投入の可否を決めることも重要になっています。今までの社内の会議ではどうしても、社内の職位が高いポストの人が仕切っていたようです。そして、これらの会議や営業活動の効率化や生産性向上策も、煎じ詰めれば、経営者の意識の問題であったと思われます。

また、チームで仕事を行う場合にも、モラールダウンに繋がることがあります。「作業の早い人に、遅い人の仕事をやらせて、終了時間を同じにすること」などという不合理案件もあります。これは「仕事ができない人の方が負担が少なく、できる人の負担が増える」ことになってしまいます。これなどは、仕事が早い人に、会社に対する不満を募らせ、モチベーションやモラールも低下させることになってしまいます。経営者としては、従業員の職務スキルまではなかなか把握できませんが、人事や総務の部門長に、時々、その日常業務についてヒアリングを行ったり、社内の相談クレームセンターへの申請内容を把握することで、実際に起こっているこのような不合理案件を掴むことも大切です。人事面では、各担当者の得意分野の業務や、周囲のチームメンバーとの人間関係の状況も捉えて、適切な人材配置が行われているかなども、経営者としては、機会がある都度把握しておくことが、ポイントになります。これらの配慮が、企業としての生産性向上に繋がります。

このように、生産性の向上については、「1）不要労働時間とマルチタスクの回避、2）必須である社内低採算業務の付加価値へのシフト、3）モラールダウン要因の除去」については、従来、ひとりの担当者や一つの部署が工夫しながら解決するような課題とされていましたが、企業として長期的でワイドな視点で生産性向上を目指し定着させるには、経営者自身による全社ベースの視点で生産性の向上を追求する必要があるものと言えます。

特に、中堅企業といわれる勤務者の多い企業では、その経営者は多くの部署を管轄しなければなりませんから、企業内部の監督や報告の工夫が必要になります。すべての部署の実態を常に把握できる組織や体制を維持していなければなりません。現状の全社の業務の問題点を洗い出し、生産性を上げるためには、会社全体でやるべきことや各部署の業務内容を明確にし、具体的な数値目標を策定し、指示・指導・フォローを行うようにしなければなりません。また、目標達成の時期や期間なども定めて、モニタリング体制も構築し、同時に、内部統制や内部組織の見直し、さらには、長期的な経営改善計画の策定・変更も行う必要があります。

3 中小企業の規模拡大と最低賃金引上げによる中小企業の生産性向上

1 アベノミクス時代

アベノミクスの第1の矢は、金融政策で、市場の資金を増やすことでデフレ脱却することであり、第2の矢は、財政支出であって、まずまずの実績を残しました。日銀は、2013年春からの国債などの大量購入で市場に資金を行き渡らせ、「異次元金融緩和」で円安をもたらし、価格競争力が強まった輸出関連を中心に企業の業績を上向くようにしました。日経平均株価は15年ぶりに2万円を超え、バブル崩壊後の最高値に達しました。有効求人倍率は、全都道府県で1倍を超え、高水準となりました。この第1と第2の矢は、まずは成功したとの評価となっています。

しかし、第3の矢である、成長戦略・規制緩和では、あまり評価されませんでした。この成長戦略では「地方創生」や「1億総活躍」など、次々と目玉政策を打ち出したものの、尻すぼみに終わった印象でした。そして、実質賃金は上がらず、多くの人には景気回復の実感は届かなかったと言われています。

特に、足元では新型コロナウイルス感染拡大の影響で、2020年4～6月期の実質国内総生産（GDP、季節調整値）が、年率換算で前期比28％減と戦後最大の落ち込みになり、有効求人倍率も7月まで7か月連続下落し、新型コロナによる雇い止めも大人数になり、安倍内閣が積み上げてきた好業績が崩壊し、元に戻ってしまったとも言われています。アベノミクスの成果は急速にしぼむ一方、マイナス金利政策による金融機関の業績圧迫や、度重なる財政出動による国の借金の増加など、副作用は膨らむことが心配されています。そのなかでも、雇用問題がクローズアップされていますが、2019年までのインバウンド効果で雇用吸収力の大きかった飲食・宿泊・観光業からの失業者が増加すると同時に、グローバルのサプライチェーンの断絶によって製造業の雇用吸収力も低下し、その両者の影響によって、小売業また卸売業の雇用力も低下してきています。

2 菅内閣時代

このような状況下、『日本人の勝算』『日本企業の勝算』（東洋経済新報社発行）の著者デービッド・アトキンソン氏が注目されました。日本のGDPの低水準は、企業の99.7%を占める中小企業の生産性の低さが問題であり、その対策として、中小企業の規模の拡大と最低賃金引上げによる生産性の向上を図るべきであると主張し、マスコミなどを賑わしました。2020年版の中小企業白書にも、「企業の規模が大きくなるにつれて、労働生産性が高くなっている。」と、以下のように述べられています。

第1部　令和元年度(2019年度)の中小企業の動向

第2章　中小企業・小規模事業者の労働生産性

第2節　規模別・業種別での労働生産性の比較

第1-2-5図は、企業規模別[3]に上位10%、中央値、下位10%の労働生産性の水準を示している。これを見ると、いずれのパーセンタイルにおいても、企業規模が大きくなるにつれて、労働生産性が高くなっている。しかし、小規模企業の上位10%の水準は大企業の中央値を上回っており、企業規模が小さくても高い労働生産性の企業が一定程度存在することが分かる。反対に、大企業の下位10%の水準は小規模企業の中央値を下回っており、企業規模は大きいが労働生産性の低い企業も存在している。

3　ここでいう中規模企業とは、中小企業基本法上の中小企業のうち、同法上の小規模企業に当てはまらない企業をいう。

企業規模別の労働生産性の比較（パーセンタイル）

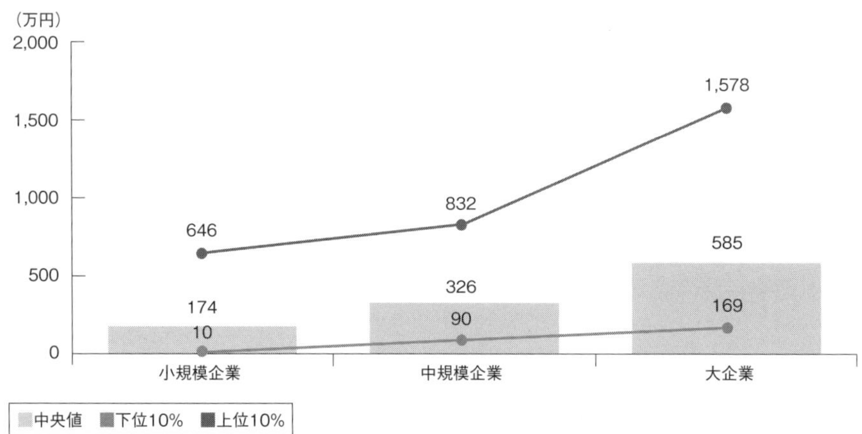

資料：総務省・経済産業省「平成28年経済センサス-活動調査」再編加工

これからの日本は人口が減少しますし、高齢者の割合は高止まりしますので、若年層の社会保障費の負担は一層大きくなります。この負担のなか、生活を維持していくには、企業全体の生産性の向上に注力しなければなりません。また、経済活性化には、「人口増加」と「生産性向上」が必要ですが、人口の増加を見込めない日本にとっては、どうしてもこの「生産性向上」が欠かせないということになります。

また、「最低賃金引上げによる生産性の向上」については、アトキンソン氏は、『日本人の勝算』の「おわりに」において、「これまでの常識に囚われた中小企業経営者たちを変えるには、やはり政府が動き出すしかない。それには、最低賃金の継続的引上げを行うべきである」という趣旨を述べています。また、『日本企業の勝算』では、「人口が減少することによって、労働者という資源は自ずと生産性の高い企業に集約される。規模の拡大によって、生産性を高めることが、企業が勝ち抜く最大のポイントになる。企業の規模を拡大するための促進策という「飴」と、最低賃金という「鞭」を中核とした政策に切り替える、これが日本を救う道であり、このことが

「勝算」になる」と、やはり「おわり」において力説しています。

もともと、企業(法人)というものは社会の個人経済活動を分業化し、効率を高めるものですので、その分業化した業務の規模が大きくなるほど、生産性が高まることになります。規模の大きい企業に集約されれば、分散していた管理部門の人数も効率化されます。その分業化した業務が、機械化やデジタル・データ化を通して効率化が進めば、同じ規模の経営資源が大きな会社に集約されるほど、全体の効率は高まるものです。まさに、アトキンソン氏の言う通り、「企業規模が大きくなるほど、生産性が高まる」という主張は説得力があります。

また、中小企業の経営者の多くはワンマン経営者であり、従業員などの賃金を最低賃金までに引き上げたとしても、内部費用の削減や外部収入の調整すなわち費用増加分の転嫁は、それほど難しいことではないかもしれません。また、従業員は賃金の引上げの対価として、将来、業務の効率化を図るようになるとも考えているのかもしれません。しかし、最近では、この経営者自身にリーダーシップが備わっているとは言えず、この課題は、経営者自身の力量によるものとも考えられています。実際は、高いハードルのようにも思われます。

4 生産性向上への規模拡大と最低賃金引上げ施策に対する反論

しかし、このアトキンソン氏の主張に対して、反論も出てきています。

1 中小企業が下請企業の場合は自社内の努力だけでは生産性向上はできない

島澤諭氏（公益財団法人中部圏社会経済研究所研究部長）は、2020年10月21日付けYahooニュースで、次のような趣旨を述べています。

「中小企業は大企業の下請企業が多く、大企業によって、売上高や製品仕様も決められており、中小企業が統合･再編されたとしても、中小企業の生産性の向上にはつながらないと思います。中小企業が国の決めた最低賃金を採用し、従業員の賃金引上げを行ったとしても、中小企業として元請の大企業に対し交渉力が弱く、人件費の増加分を含む販売価格の引上げを行うことはできません。結局、自社の体力を弱めることになってしまうことです。人件費の低さこそが下請企業の生存条件である先もかなりあります。」

2 日本の生産性の低さ対策は中小企業の規模拡大・最低賃金施策ばかりではなく、資本蓄積・労働力人口・技術進歩のスローダウンも考慮するべき

平成25年版通商白書「世界経済のダイナミズムを取り込んで実現する生産性向上と経済成長」では、以下のように述べています。

成長率の長期的な低下の背景には、資本蓄積が飽和してきたこと、労働力人口の伸びの低下、キャッチアップ過程の終焉による技術進歩のスローダウンというように、成長率低下の原因があるといえます。そして、今後も長期的にこの趨勢が強まっていくことが予想され、現状のままではその趨勢が反転することは難しそうです。

資本ストックの寄与度は7割から9割近くを占めており、経済成長の最も重要な要因であることがわかります。次いで全要素生産性、つまり技術進歩が重要な役割を果たしています。とくに60年代の高度成長期には全体の3割となっています。70年代以降は労働の貢献度もやや大きくなっています。90年代には、大分、様相が変わってきました。減少する労働力を資本と技術進歩がどうにかカバーする形です。

以上のように、最近まで労働成長もなくはなかったのですが、資本成長が第1の成長要因であり、技術進歩がそれに次ぐことがわかりました。ところで、資本は企業が投資しなければ増えません。また最新の技術は最新の機械を備え付けてはじめて実用化されるものです。つまり技術進歩の高さも投資があってはじめて実現されるのです。このように考えると、結局のところ日本経済の成長の原動力は投資にあったことがわかります。

すなわち、日本の成長率の長期的な低下の背景には、①資本蓄積が飽和してきたこと、②労働力人口の伸びの低下、③キャッチアップ過程の終焉による技術進歩のスローダウンの、3要素の低下が原因であるということです。にもかかわらず、日本の生産性を上げるために、中小企業だけが統合・再編を行って、痛みを受けることは納得できません。この統合・再編のために、独自の技術を保有する中小企業が姿を消すことになれば、大きな損失になってしまいます。

①資本蓄積が飽和してきたことと③キャッチアップ過程の終焉による技術進歩のスローダウンしたことに対する対策も、国はもっと積極的に行ってもらいたいとのことでした。生産性が悪いのは中小企業だけではなく、大企業も含めて日本全体の生産性対策も同時に要請したいとの意見でもあります。

3 中小企業の規模拡大施策の前に、金融機関取引インフラの整備を

中小企業の成長路線を進めるにあたり、金融機関の消極的な融資姿勢がネックになっていました。事業を見て融資をする姿勢（事業性評価融資審査）よりも、過去の決算書の数値をベースにするスコアリング評価が重視され、成長戦略に通じる事業性評価融資で資金調達を支援する手法は、今

までほとんど採用されなかったようです。この動きは、「金融検査マニュアルの厳格運用」から生じたと言われ、この金融検査マニュアル公表から20年経過した2019年に、金融庁が「金融検査マニュアル」を廃止することにしました。今後、中小企業の規模拡大施策、最低賃金引上げ施策を実施するならば、中小企業取引について、中小企業規模拡大施策や最低賃金引上げ施策について、当該企業が金融機関から厳しい対応を受けないように、金融機関の融資審査について、前もって寛大な対応を行うようにするべきです。寛大で柔軟な審査内容のガイドラインを、事前に金融機関に徹底しておくべきであると思います。中小企業が規模拡大を図る時は、運転資金需要や設備投資需要が発生するものです。また、成長企業は、一般的に、担保に差し入れる遊休資産が不足しています。また、最低賃金の導入については、社会保険料などの関連費用も嵩み、スコアリングシートの財務指標の評価も低下する可能性が高まります。

これらの点を金融機関に前広に周知徹底しておく必要があると思います。

生産性向上施策を取る中小企業に対し、金融機関の支援姿勢が徹底しない場合は、せっかくの生産性向上に向けた成長施策を採る企業の出鼻を挫くことも考えられます。国の施策に沿って生産性の向上を目論んだ企業が、一時的な財務指標の落ち込みによって、金融機関からの貸し渋りや貸し剥がしの対応を受けないように、融資審査の寛大対応を行うことが重要であると思います。金融機関から厳しい対応を受けることになれば、「正直者が損をする」ということになり、せっかくの生産性向上施策が頓挫するかもしれません。金融検査マニュアルが廃止になろうとも、金融機関は従来通りのスコアリングシートによる債務者区分（格付け）の算定を行い、その基準で融資審査を継続していますので、この点の金融機関の厳格な対応には注意することが重要です。また、融資は実行できたとしても、金利、融資期間また担保の設定状況などの融資条件が厳しく運用されれば、中小企業の負担は嵩みます。これらの点も注意する必要があります。

第2部

具体的事例を中心とした「事業生産性」の向上

以上、生産性について概観してきましたが、当初、生産性は企業内におけるそれぞれの事業を対象にしていたものの、最近の菅内閣の「生産性向上」施策やデジタル・データ化を絡めた施策については、中小企業自体の「生産性の向上」を対象にしています。ついては、この第2部では、事業の生産性にフォーカスし、第3部では、企業の生産性について述べていくことにします。

1 デジタル・データ化と地域支援による事業生産性の向上

コロナ禍で、三密防止とテレワークそして医療体制重視が、新常態（ニューノーマル）となり、ビジネスにおいても、在宅勤務やDX（デジタルトランスフォーメーション）が広がりました。また、地域内で移動が完結するように、人々の行動が制限され、業務フローのデジタル化や、オフィスにいなくても通常の業務を行えるような取組みが必要となっています。

ワクチンの効果が広がるまでの間は、飲食業・宿泊業・観光業また一部の小売業などは、大きな売上の落ち込みと赤字に見舞われていますし、国際的なサプライチェーンの崩壊で多くの企業の損益状況は低下しています。このパンデミックで、平時ならば雇用吸収力のあるサービス業の雇用は大きな打撃を受け、雇用情勢は悪化しています。このような状況下では、人件費の増加を伴う最低賃金の引上げは、なかなか浸透しないかもしれません。

しかし、ワクチン効果が出てきたアフターコロナの時になれば、少子高齢化で少なくなった生産人口（15歳～65歳）の不足で、ウィズコロナで失われた雇用は元に戻り、逆に若年層に対する人手不足が生じて、「生産性の向上」が重要な課題になると思います。不幸にして、ウィズコロナの時代が長く続くことになっても、エッセンシャルワーカー部門に人手が割かれ、やはり「生産性の向上」は欠かせない問題になってくると思われます。

そこで、生産性向上策である中小企業の統合や再編また最低賃金の引上げについては、喫緊の課題として、引き続き注目されるようになると思います。と同時に、政府から公表された中小企業や小規模企業に対する「生産性の向上」の具体策は、実行に移さなければならないと思います。またコロナ禍での「業務フローのデジタル化」や「在宅勤務化」での「地域内での移動完結」が定着することになるかもしれません。すなわち、「成長戦略フォローアップ（令和2年7月17日)」で、政府としては、地域のインフラに基づく活性化とデジタル化によって、以下に示す通り、中小企業や小規模企業の生産性向上の方針を提示していますので、十分フォローしておく必要があります。

「成長戦略フォローアップ（令和２年７月17日)」の抜粋と解説

７．地域のインフラ維持と中小企業・小規模事業者の生産性向上

（1）KPIの主な進捗状況

（2）新たに講ずべき具体的施策

ⅰ）地域のインフラ維持

① 独占禁止法の特例法の制定（乗合バス、地域銀行）

② スーパーシティ構想の早期実現

ⅱ）中小企業・小規模事業者の生産性向上

① 大企業と中小企業の共存共栄

② 大企業と下請企業との個別取引の適正化

③ 中小企業の成長を促す環境の整備等

④ 中小企業・小規模事業者の生産性向上のためのデジタル実装支援等

⑤ 生産性向上のための円滑な新陳代謝・事業再編の促進等

⑥ 海外展開の促進と国内外サプライチェーンの強靱化

この「成長戦略フォローアップ」は、総理大臣官邸で経済財政諮問会議と未来投資会議を合同で開催し、その時に、「成長戦略実行計画案」について議論が行われた際に公表されたものです。

以下では、「ｉ）地域のインフラ維持②スーパーシティ構想の早期実現」以外について、中小企業の「生産性向上」の視点にて補足説明を入れております。

（1）KPIの主な進捗状況

《KPI》中小企業の従業員一人当たりの付加価値額を今後５年間（2025年まで）で５%向上させる

《KPI》中小企業から中堅企業に成長する企業が年400社以上となることを目指す

《KPI》中小企業の全要素生産性を今後５年間(2025年まで)で５%向上させる

《KPI》開業率が米国・英国レベル（10%台）になることを目指す
⇒2018年度：開業率4.4%（2017年度：5.6%）

《KPI》海外への直接輸出または直接投資を行う中小企業の比率を今後５年間（2025年まで）で10%向上させる

《KPI》2030年までに、世界銀行のビジネス環境ランキングにおいて、日本がG20で１位になる
⇒2019年10月公表時G20内８位（前年比１位向上）

ここでは、KPI（重要業績評価指標）として、上記の上から3項目で中小企業の生産性の数値目標を示しています。KPIは、Key Performance Indicatorの略語で、「重要業績評価指標」「重要達成度指標」「重要成果指標」であり、この成長戦略実行計画の業績評価指標ということです。特に、「中小企業から中堅企業に成長する企業が年400社以上となることを目指す」とは、意欲的な目標であるものの、中小事業者約360万者に比べれば、10年間でも4,000社であり、数的には少数のようです。この成長企業が地域の他の中小企業に影響を与えることを期待したいと思います。

（2）新たに講ずべき具体的施策

ｉ）地域のインフラ維持

① 独占禁止法の特例法の制定（乗合バス、地域銀行）

人口減少下において、将来にわたって特定地域基盤企業（乗合バス事業者及び地域銀行）によるサービスの維持を図るための、独占禁止法の特例法が成立した。住民の利便性を真に高めるための競争政策の戦略的な見直しと位置付ける意見もある。こうした点も踏まえ、特例法の趣旨に従い、関係省庁の緊密な連携の下で運用される必要がある。

- 本特例法の施行に向けて政省令やガイドラインを制定するほか、法律の適用に関する特定地域基盤企業からの事前の相談に関係省庁が連携して応じることを通じ、関係者にとっての一層の予見可能性を確保する。
- 特に地域銀行については、本特例法の期限である10年間で、早期かつ集中的に経営力を強化し、合併等を伴うものを含め、効率性・生産性及びサービスの質の向上を進めることを、強く促す。

乗合バスと地域銀行について、地域のインフラ維持について、独占禁止法の特定法によって、サービス維持を図り、住民の利便性を高めると述べていますが、このことは当然ながら中小企業にも適用するものです。特に、地域銀行の中小企業に対するサービスの強化も含まれています。

さらに以下にて、中小企業・小規模企業の生産性向上についての具体策を6つの項目（①～⑥）によって述べています。

ⅱ）中小企業・小規模事業者の生産性向上

① 大企業と中小企業の共存共栄

- 大企業が下請企業に対して一方的に原価低減を強いるやり方から、大企業が中小企業と共同してデジタル化を図るなど、新たな価値創造に向けた、大企業と中小企業の共存共栄関係を再構築することが求められている。
- 下請振興法に基づく「振興基準」は、生産性向上等の努力を行う下請事業者に親事業者が協力するよう明記されているが、直接的な取引先（1

次下請）への協力が中心となっており、２次下請以下への働きかけが弱い。加えて、「振興基準」を参考に、業界団体ベースで取引適正化に向けた行動計画が策定されているが、こうした業界別の取組だけでは個社の取組が埋没し、課題も業界全体で平均化されるおそれがある。

35ページの「４．生産性向上への規模拡大と最低賃金引上げ施策に対する反論」の「１）中小企業が下請企業の場合は自社内の努力だけでは生産性向上はできない」に対する具体策を述べています。

例えば、下請企業が最終ユーザーに接する工務店（建設業）の場合で、元請企業と共存共栄関係の構築ができているケースもあります。工事現場の進捗状況に合わせて下請企業の現場監督が、スマホで、元請会社と自社の本社にその工事に必要な建設資材を注文すると、その建設資材を工事現場まで元請会社が搬送してくれることになっています。資金の決済は、元請企業と下請企業の本社間で行いますが、これはデジタル化を利活用した「共存共栄関係」の好事例です。

工務店と住民の繋がりに対して元請企業がその絆を働きがいとして感じ、工務店は元請企業の建材供給力やデリバリー力を活用することで効率化が図れ、下請の工務店と元請企業が一体になれば、地域貢献を行うことになり、共存共栄の相乗効果が実感できるものと思われます。

- これらを踏まえ、大企業と中小企業が共に成長できる関係の構築を目指し、個社が「振興基準」に規定する各項目（例：取引先の生産性向上への協力、取引対価への労務費上昇分の影響の考慮）を遵守するとともに、デジタル化をはじめ、自社の１次下請にとどまらず、２次下請以下も含むサプライチェーン全体の付加価値向上を図ることを宣言する「パートナーシップ構築宣言」の仕組みを導入した。各社の宣言状況を公表の上、一覧できる仕組みを導入し、多くの企業が宣言を作成するよう働きかける。
- 取引実態をよりよく把握するため知的財産権等に関する専門人材登用等により下請Ｇメンの機能を強化する。
- 新型コロナウイルス感染症の影響による負担を親事業者が下請事業者に

不当にしわ寄せすることのないよう独占禁止法と下請代金支払遅延等防止法に基づき厳正に対処する。
- 下請取引について新たに知的財産権・ノウハウの保護や働き方改革に伴うしわ寄せ防止も重点課題として位置付け、それらを含めた契約ひな形の作成・浸透等を通じ取引適正化に向けた取組を一層強化する。

デジタル・データ化の利活用で、元請と下請の良き連携の例があります。大企業が一次卸で中小企業が二次卸または小売業の場合、一次卸企業が自社の倉庫やトラックで、その二次卸または小売業の指示によって在庫の管理と商品の輸送を引き受けることになっています。元請企業の在庫管理と商品輸送で、下請企業は効率化・合理化のメリットがあり、その元請企業は安定した買手の販路確立のメリットが取れ、双方にメリットが生まれます。また、二次卸は、最終ユーザーからの代金回収やクレーム処理を引き受けますし、大企業の一次卸は、デジタル・データ化と資金調達の支援を行うことになっています。

なお、パートナーシップ構築宣言については、経済産業省から、次のように公表されています。

「パートナーシップ構築宣言」を公表します

2020年7月10日

▶ 中小企業・地域経済産業

2020年5月18日に開催した「未来を拓くパートナーシップ構築推進会議」において、「パートナーシップ構築宣言」の仕組みを導入し、大企業と中小企業の共存共栄の関係を構築することで合意しました。企業経営者の方々に作成して頂いた「パートナーシップ構築宣言」を公表するサイトを立ち上げるとともに、宣言を公表して頂いた企業が使えるロゴマークを作成しました。

2. 「パートナーシップ構築宣言」の公表

個々の企業は、作成した宣言を（公財）全国中小企業振興機関協会が運営するポータルサイトにWEB上で提出し、提出された宣言は、同サイト上に掲載されます。

「パートナーシップ構築宣言」ポータルサイト

② 大企業と下請企業との個別取引の適正化

- 「振興基準」には、取引対価は「下請事業者及び親事業者が十分協議して決定するものとする」と規定されているが、下請事業者の中には、親事業者に対して、協議の申入れすらできていない者が存在する。大企業と下請企業との個別取引の適正化を図るため、「振興基準」に基づく業所管大臣による指導・助言等により、取引慣行や商慣行の是正に、関係省庁が連携して取り組む。

下請振興法に基づく「振興基準」については、経済産業省と中小企業庁の作成した「下請振興法の振興基準とは」というチラシにわかりやすく解説してあります。

元請企業については、下請企業に対して、資金面の支援のほかに、「働き方改革」「事業承継」「事業継続計画」の支援も行うべきとの内容が書か

れています。また、チラシには前ページの図左側の9～11だけでなく「1～8の項目」も簡潔に記載されていますので、参考にしてください。

最近では、デジタル・データ化の支援を元請企業が積極的に働きかけて、両者が良好な関係になっているケースもあります。

③ 中小企業の成長を促す環境の整備等

- 中小企業に対し成長段階に応じた支援が行えるようにし、事業規模拡大や生産性向上を進め、中堅企業以上へ成長するよう促す。また、中小企業政策の対象範囲の整理を2020年度中に行い必要な措置を検討する。
- 地域未来牽引企業に対し地域における目標を2020年度中に設定するよう促すとともに目標達成に向けた取組を重点的に支援する。また、中小企業成長促進法により新設される「みなし中小企業」規定を踏まえ成長や将来的な株式公開等を促す。さらに、複数地域で共通する社会的課題について地域内外の中小企業等が連携し解決する持続的なビジネスモデルを構築する手法の定着を支援する。
- 公共調達について、公正な条件の下で中小企業・小規模事業者の受注機会の増大を図るための取組を進める。

ここに述べられた「中小企業成長促進法」については、経済産業省と中小企業庁が2020年9月に公表し、経済産業省・中小企業庁のホームページから、その要点を見ることができます。中小企業の経営者が、企業の経営理念を決定し、戦略や経営改善計画に沿って、事業を推進する場合、金融機関や行政機関が、その企業に対して種々の支援を効果的に行おうとします。この中小企業成長促進法は、次ページの概要を記した表の「①～⑪」の施策を実践することで、中小企業の再生・活性化を狙います。中小企業経営者が経営理念・戦略・経営改善計画を固めた場合は、強い支援策となります。

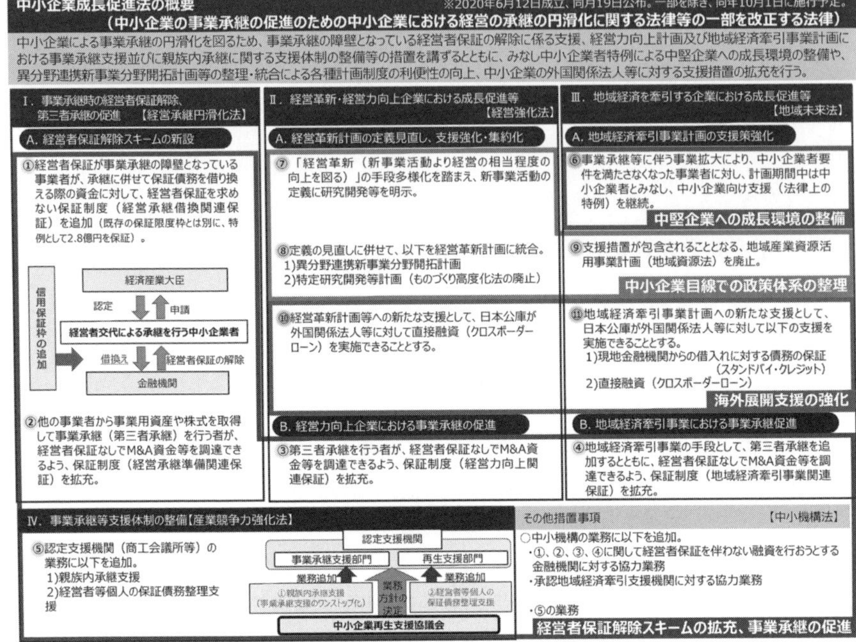

次に以下の④の項目ではデジタル実装支援等について述べていますが、AIとかDX、EDI、サイバーセキュリティという専門用語が出てきます。これらは、本書を読んでいくうちに理解できますので、気にせずに読み進んでください。

④ 中小企業・小規模事業者の生産性向上のためのデジタル実装支援等

- 中小企業生産性革命推進事業をフル活用し、2020年度中に革新的な製品・サービス開発のための設備投資支援や、小規模事業者に特化した販路開拓支援、ITツールの導入支援等を複数年にわたり継続的に実施する仕組みを構築し生産性の向上を図る。
- 中小企業等経営強化法の基本方針を改訂し中小企業等の生産性向上のためのITの活用等の記載を充実し実施する。また、各分野別の方針についても実施状況等を踏まえ2020年度中に改訂を検討する。
- 課題解決型AI人材育成事業により中小企業の経営課題等を人工知能（AI）を用い解決する人材を2020年度中に合計600人育成する。

- 中小企業におけるAI導入方法を分かりやすく整理した「AI導入ガイドライン」を2020年度中に作成する。
- 中小企業が使いやすく安価なクラウドサービスの開発を促進するとともに、生産性を向上した事例を整理して示すことによりクラウドサービスを加点要素とするIT導入補助金やIT専門家が中小企業を伴走支援するデジタル化応援隊事業等の活用を促す。
- 複数の中小企業がデータを共有することで新たな付加価値を生み出すプロジェクトや複数の中小企業を束ねてデジタル・トランスフォーメーション計画等の策定を支援する民間サービスの創出を促す「ものづくり・商業・サービス高度連携促進事業」等を2020年夏までに立ち上げ、面的な生産性向上を進める。
- 企業間取引の電子化による利益を最も受ける親事業者が2次下請以下の企業を含めたサプライチェーン全体の企業に対して、中小企業共通電子データ交換（EDI）や金融界も推進する全銀EDIの利活用といった取引電子化による生産性向上を支援するよう、改訂された下請振興法の「振興基準」に基づき所管省庁が促す。
- 2023年のインボイス制度の導入や2024年のISDNデジタル通信モードの終了も踏まえ、IT導入補助金等を活用し、中小企業が適格請求書を発行等するためのシステム導入や個別企業系列での専用EDIの見直しを促すなどし、中小企業における全社的なデータ活用の刷新を早急に進める。
- サイバーセキュリティの確保について、2020年度中にサプライチェーンにおける重点保護対象を特定するとともに必要な対策を実施している中小企業を見える化するための制度を創設する。
- 新型コロナウイルス感染症の影響も踏まえ、テレワークに関して通信機器等の導入支援や相談体制の拡充等を行い、導入意向のある全ての中小企業がテレワークを実践できる環境を整備し生産性向上に繋げる。

「中小企業・小規模事業者生産性向上のためのデジタル実装支援等」については、種々支援策が述べられています。ここでは、デジタルの実装を体系的に理解し、有効に活用する場合の概要をまとめていますが、2020年11月に経済産業省から公表された「デジタルガバナンス・コードの柱立て（96ページ）」を参照されることで、さらに内容の理解を深めることができます。このデジタルガバナンス・コードは、「ビジョン・戦略・成果指標・ガバナンス」という経営者自身の基本行動を柱立てにしていますので、経営者の心構えを見直すことにもなります。現在のデジタル・データ化の環境下、広くタイムリーな情報・データに基づく、経営の意思決定を行うためにも役立ちます。中小企業に多いワンマン経営ではどうしても情報・データ面で限界があり、合議制が求められると思われます。

また、コロナ禍で早急な「テレワーク体制」による生産性の向上が求められていますが、この「テレワーク」については以下をご参照ください。この内容は「語り掛け調」で述べられていますが、「生産性向上のためのデジタル実装支援等」を踏まえたものになっています。

事業主、企業の労務担当者の皆さまへ

テレワークを有効に活用しましょう

～新型コロナウイルス感染症対策のためのテレワーク実施～

テレワークの活用

テレワークとは、インターネットなどのICTを活用し自宅などで仕事をする、時間や場所を有効に活用できる柔軟な働き方です。
新型コロナウイルス感染症の感染拡大防止の観点からも、有効な働き方です。

テレワークの効果

企業のメリット

■非常時に感染リスクを抑えつつ、事業の継続が可能
■従業員の通勤負担の軽減が図れる
■優秀な人材の確保や、雇用継続につながった
■資料の電子化や業務改善の機会となった

労働者のメリット

■通勤の負担がなくなった
■外出しなくて済むようになった
■家族と過ごす時間や趣味の時間が増えた
■集中力が増して、仕事の効率が良くなった

テレワーク実施までの流れ

1. 実施に向けての検討（業務・対象者・費用負担）
2. セキュリティのチェック
3. 労使によるルールの確認（労務管理）
4. 作業環境のチェックなど

→ テレワークの実施

1 実施に向けての検討（業務の切り出し・対象者の選定・費用負担）

業務の切り出し

- ■対象作業の選定は、「業務単位」で整理することがポイント
- ■テレワークでは難しいと思われる業務についても、緊急事態宣言を受けて、一旦やってみたら意外にできることがわかったというケースも多い
- ■仕事のやり方を工夫することで一気に進む場合も

図表Ⅱ-4-1 対象業務の整理

現状で実施できる業務	いまは実施できない業務	実施できない業務
※ 入力作業 ※ データの修正・加工 ※ 資料の作成 ※ 企画など思考する業務	※ 資料の電子化によってできるようになる業務（例：紙媒体の帳票を扱う業務） ※ コミュニケーション環境の整備によってできるようになる業務（例：会議、打合せ、社外との調整等）	※ 物理的な操作を必要とするオペレーション業務

仕事のやり方を変える5つの取組み例

1. 仕事の見える化
2. 仕事のプロセスの見直し
3. 電子化・ペーパレス化
4. コミュニケーションのIT化（メール、チャット、WEB会議等）
5. 申請業務のクラウド化 タイムカード、出張申請、経費精算、スケジュールボードetc.

出典：「テレワークではじめる働き方改革 テレワークの導入・運用ガイドブック」

対象者の選定

- ■業務命令として在宅勤務を命じる場合には、業務内容だけでなく、**本人の希望も勘案**しつつ、決定しましょう。

費用負担

■費用負担についてはトラブルになりやすいので、労使でよく話し合うことが必要です。

機器購入費

通信費

パソコン本体や周辺機器、携帯電話、スマートフォンなどについては、会社から貸与しているケースが多い

モバイルワークでは携帯電話やノート型パソコンを会社から貸与し、無線LAN等の通信費用も会社負担しているケースが多い

消耗品購入費

- 文具消耗品は会社が購入したものを使用
- 切手や宅配メール便等は事前に配布
- 会社宛の宅配便は着払いとするなど

光熱費

頻度により様々。光熱費は、業務使用分との切り分けが困難なため、テレワーク勤務手当に含めて支払う企業の例もみられる

出典：「テレワーク導入のための労務管理等Q＆A集」

2 セキュリティのチェック

会社のパソコン(PC)を社外に持ち出す場合には、**PCの盗難**や**紛失**による情報漏洩のリスクがあることから、**セキュリティ対策のなされたPCやシンクライアントパソコンを貸与する**などの工夫が必要です。

また、自宅のPCを使って業務を行う場合には、ウイルス対策ソフトや最新アップデートの適用などの**セキュリティ対策が適切に行われているか**を確認する必要があります。

その他、総務省においてテレワークセキュリティに関するガイドラインやチェックリストが公開されていますので、ご活用ください。

3 ルールの確認（労務管理）

労働時間

在宅勤務などのテレワーク時にも、労働基準法などの**労働法令を遵守することが必要**です。テレワーク時の労務管理について確認し、ルールを定めましょう。

詳しくは「テレワーク実施のための参考資料(p.4)」をご参照ください。

労働時間

- 労働時間を適正に把握・管理し、長時間労働を防ぐためにも、従業員の労働日ごとの始業・終業時刻を確認し、記録しましょう。
- 通常の労働時間制、フレックスタイム制のほかに、一定の要件を満たせば事業場外みなし労働時間制なども活用できます。

【労働時間管理方法の一例】

■Eメール
・使い慣れている
・業務の報告を同時に行いやすい
・担当部署も一括で記録を共有できる

■勤怠管理ツール
・Eメール通知しなくてよい
・大人数を管理しやすい
・担当部署も記録を共有できる

■電話
・使い慣れている
・時間がかからない
・コミュニケーションの時間が取れる

■勤怠管理システム
（仮想オフィス、グループウェア等）
・個別に報告する手間がかからない

安全衛生

- テレワーク中に孤独や不安を感じることがあります。オンライン会議などを活用して、上司・部下や同僚とコミュニケーションをとるようにしましょう。
- なお、業務中の傷病は労災の対象になります。
- 過度な長時間労働とならないようにしましょう。

業績評価、人事管理、社内教育

- 在宅勤務を行う労働者について特別の取り扱いを行う場合は、よく確認しましょう。
- 新規で採用する場合には、就業場所などについて労働条件の明示が必要です。

4 作業環境のチェック

以下をふまえ、従業員が作業しやすい環境で作業するよう、労働者にアドバイスしましょう。

実施にあたり困った際のご相談先

テレワーク相談センター（テレワーク協会）
電話：０５７０－５５０３４８
平日9:00～17:00(祝日、年末年始を除く)
メール：sodan@japan-telework.or.jp

テレワーク相談センター

孤独や不安を感じた際のご相談先

働く人の「こころの耳 相談窓口」

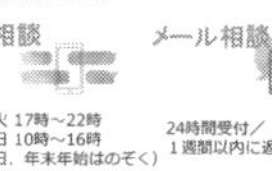

メール相談
24時間受付／1週間以内に返信します

⑤ 生産性向上のための円滑な新陳代謝・事業再編の促進等

- 中小企業・小規模事業者の生産性の向上に向け事業統合・再編を促すため、予算・税制等を含めた総合的な支援策を2020年度中に示す。
- 中小M&A市場活性化のため事業引継ぎ支援センターと民間のM&A仲介業者やプラットフォーマーとの連携を強化し2020年度中に同センターの登録機関を現在の496者から100者程度増加させる。
- 2020年３月に公表した「**中小M&Aガイドライン**」の関係業界等による遵守を徹底することにより、M&A仲介業者間の適正な競争環境の整備、仲介の際に起こり得る利益相反に対する適切な対応や仲介手数料の適正化等を促す。
- 事業再編後の中小企業・小規模事業者の成長を後押しするため、外部からの経営人材の受入れ等を円滑化するための支援策を2021年度中に強化する。
- 円滑な事業承継を後押しし事業の維持を図りつつ世代交代を含めた新陳

代謝を促すため事業承継税制の活用を促進する。また、事業承継補助金でのベンチャー型事業承継等の新たな取組を支援する。さらに「第三者承継支援総合パッケージ」に基づき、後継者不在の中小企業・小規模事業者の第三者承継を強力に後押しする。

- 第三者承継を支援する事業引継ぎ支援センターと親族内承継を支援する事業承継ネットワークの機能を2021年度に統合し、第三者承継支援と親族内承継支援のワンストップ体制を構築する。
- 中小企業基盤整備機構の支援の下、官民連携ファンドを新設し、地域の核となる中小企業・小規模事業者の再生・事業再編を促進する。また、2020年度中に5件程度の案件の決定を行う。
- 廃業を検討している中小企業・小規模事業者の技術や雇用といった貴重な経営資源が次世代に確実に引き継がれるよう事業引継ぎ支援センターでの対応や措置を2020年度中に拡充する。
- 2020年4月から運用開始された「事業承継時に焦点を当てた『経営者保証に関するガイドライン』の特則」の活用を促進する。また、事業承継時に一定の条件の下で経営者保証を不要とする新たな信用保証制度や、事業承継時の経営者保証解除に向けて法人と経営者の資産・経理の分離等の同ガイドラインの要件に即して専門家が経営状況を確認し経営改善支援を行う制度等を通じ、事業承継時における経営者保証に依存しない融資を促進する。さらに、政府系・民間金融機関における事業承継時における保証徴求割合等を金融機関別に一覧性のある形で公表するとともに、専門家支援制度等を通じて得られた情報の分析や活用を通じその実効性を高める。

2020年3月に公表した「中小 M&A ガイドライン」は、以下の通りです。

経営資源を次世代に引き継ぎたい皆様へ
経営資源の引継ぎを支援される皆様へ

「中小M&Aガイドライン」をご活用ください

※令和2年3月31日、経済産業省より公表

✓ M&Aには早期判断が重要です

早い時期にM&Aの実施を決断した方が、
売り手・買い手のマッチングの時間を確保でき、
手元に残る譲渡代金も多くなる可能性があります。

✓ 身近な支援機関に相談しましょう

M&Aに当たっては、様々なポイントの検討が必要です。
また、専門的な情報や経験がないと判断を誤るおそれもあります。
まずは身近な支援機関に相談しましょう。

<相談窓口>
事業引継ぎ支援センター（M&A全般）

日本弁護士連合会（法的助言）

✓ M&Aは事前準備が大切です

引退後のビジョンや希望条件を考えておきましょう。
何を譲れるのか、何を譲れないのか、固めておきましょう。
株式や事業用資産の整理も可能な限り進めていきましょう。

裏面もチェック✓

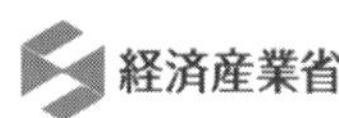

M&A専門業者などに依頼する際の留意点

（１）マッチングなどを依頼する際

	チェック事項
①	M&Aについて希望する条件を業者に明確に伝えましたか。
②	譲り渡し側・譲り受け側の双方から受任する場合（仲介者）と、片方のみから受任する場合の違いを理解しましたか。依頼する業者がどちらか確認しましたか。 ※仲介者の場合、通常は双方に手数料を請求します。
③	依頼するのは、具体的にはどのような業務ですか。
④	手数料はどのように算定し、いつ支払いますか。最低手数料はありますか。
⑤	秘密保持の条項はありますか。他の専門家などへの情報共有は可能ですか。
⑥	他業者への依頼を禁じる条項がありますか。セカンド・オピニオンは可能ですか。
⑦	中途解約は可能ですか。契約期間や⑥の条項の有効期間は確認しましたか。
⑧	業者との契約終了後、一定期間内にM&Aを行った場合にも手数料が生じるとする条項はありますか。その期間や、対象となるM&Aは確認しましたか。

（注）**仲介者**の場合、構造的に譲り渡し側・譲り受け側の双方の間で、**利益相反のおそれ**が生じますので、**特に上記②についてはご注意**ください。

（２）M&Aプラットフォームを利用する際

	チェック事項
①	自社の情報をどの程度まで開示するかを慎重に検討しましたか。
②	それぞれの特徴を踏まえ、どのプラットフォームを使うべきか検討しましたか。

M&A専門業者の手数料

【手数料の種類と発生するタイミング】

①着手金　：主に契約締結時
②月額報酬：主に月ごとに定期的・定額
③中間金　：基本合意締結時など案件完了前
④成功報酬：案件完了時。一般的に算出には**右の図（レーマン方式）**を用います。

基準となる価額（円）	乗じる割合（%）
５億円以下の部分	5
５億円超１０億円以下の部分	4
１０億円超５０億円以下の部分	3
５０億円超１００億円以下の部分	2
１００億円超の部分	1

（注）プラットフォームについては、売り手には一切の手数料が発生しないケースが多いです。

【ガイドラインを読む前に！】
中小M&Aハンドブック

中小M&Aガイドライン

お問合せ先
中小企業庁　事業環境部　財務課
03-3501-5803

一般的には、M＆Aとは事業の集合体である企業の買収のことを言います。この企業の合併と買収で、「Mergers（合併）」and「Acquisitions（買収）」の略です。買収者は現在の株主から株式を買い取って新たに株主となり、その会社の「所有」者として経営をコントロールします。株主として配当等の経済的利益を受けるメリットを享受するのが第一の目的とされています。経営陣は株主に選任されて会社運営を任された立場に過ぎませんから、株主が変動すれば、経営陣も変わることになります。

しかし、日本の企業の大半は、家長的な経営者によるイエ社会を踏襲する企業ですから、「経営者＝株主」の企業が多く、このM&Aも「後継者問題」および「事業の将来性の不安問題」の二つの解決を売却（譲渡）側の動機にしています。M&Aで株式の譲渡が成立しても、以前の経営者がそのまま経営を続けたり、数年後に新株主に経営譲渡を行うという形態が多いようです。したがって、上記の「中小M&Aガイドライン」にも「経営資源（経営者以外のヒト・モノ・カネ・情報・時間・知的財産）を次世代に引き継ぎたい皆様へ」「経営資源の引継ぎを支援される皆様へ」との付言がついており、経営権については触れていません。すなわち、買い手としては、企業の経営権よりも企業が行っている事業を譲ってもらうことを前提にしていますし、企業よりもその事業の存続・譲渡を目論んでいます。中小企業におけるM&Aでは、ガバナンスに裏付けられた経営の引継ぎは、あまり期待されていないと思われる一方、事業を中心にした経営資源の継承が重視されるということです。

では、「成長戦略フォローアップ」の7-(2)-ⅱ）中小企業・小規模企業の生産性向上の⑤に戻ります。

- 事業立上げ時からその拡充に必要な資金調達を切れ目なく支援するためエンジェル税制やオープン・イノベーション促進税制等の税制、クラウドファンディング等の活用促進によるリスクマネー供給や事業創造を後押しする民間事業者との連携促進といった創業支援を強化する。
- 自治体や金融機関等が行う創業支援等について地域の実情を踏まえた見直しを行うなどし実効性を高める。また、起業経験者による教育機関での説明等、起業家教育を促進する。
- 地域での創業を促すため地域への貢献意識の高い多様な人材が中小企業やベンチャー企業等での新たな活躍の場を得る仕組みについて検討し2020年度中に具体化する。

創業支援については、中小企業庁のホームページから見ることができる「創業・ベンチャー支援」が役立ちます。以下をご参照ください。

本文へ　サイトマップ　English

文字サイズ 小 中 大

トップページ　中小企業庁について　中小企業憲章・法令　公募・情報公開　審議会・研究会　予算　白書・統計情報

トップページ ▶ 経営サポート ▶ 経営サポート「創業・ベンチャー支援」

経営サポート「創業・ベンチャー支援」

創業をお考えの方やベンチャー企業の円滑な事業活動を、資金調達、情報提供等で支援します。
また、市区町村と民間事業者等が、創業者に身近な支援体制を整備する取り組みを支援し、地域における創業を支援します。

地域における創業支援体制の整備(産業競争力強化法について)

平成26年1月20日に施行された「産業競争力強化法」では、地域の創業を促進させるため、市区町村が民間の創業支援事業者(地域金融機関、ＮＰＯ法人、商工会議所・商工会等)と連携して、ワンストップ相談窓口の設置、創業セミナーの開催、コワーキング事業等の創業支援を実施する「創業支援事業計画」について、国が認定することとしています。
平成30年7月9日に施行された「改正産業競争力強化法」では、開業率のさらなる向上を目指し、現行の「創業支援事業」の概念を拡大させて新たに「創業支援等事業」と規定し、「創業支援等事業」に創業に関する普及啓発を行う事業（創業機運醸成事業）も含めることとしています。また、現行の「創業支援事業計画」も新たに「創業支援等事業計画」とし、同計画の中に創業機運醸成事業を位置づけられることとしています。

エンジェル税制について

エンジェル税制とは、ベンチャー企業への投資を促進するためにベンチャー企業へ投資を行った個人投資家に対して税制上の優遇措置を行う制度です。
ベンチャー企業に対して、個人投資家が投資を行った場合、投資時点と、売却時点のいずれの時点でも税制上の優遇措置を受けることができます。
また、民法組合・投資事業有限責任組合経由の投資についても、直接投資と同様に本税制の対象となります。

- 地域の中小企業・小規模事業者の価値創造や生産性向上に貢献することにより地域金融機関も顧客企業とともに持続可能な価値創造とビジネスモデルの構築をしていけるよう地域金融機関による「先導的人材マッチング事業」の活用促進や2020年に新たに開催するRe:ing/SUM (Regional Banking Summit) における好事例共有等を行う。
- 大手銀行等の専門経験を有する人材をリストアップして地域経済活性化支援機構でリストを管理し、マッチングを行うなど、地域の中小企業のニーズに応じて、経営人材の円滑な移動や兼業・副業を実現するとともに出融資等により中小企業の経営力強化を支援する。
- 地域金融機関による中小企業の生産性向上支援を強化するため、地域経済活性化支援機構の一層の活用を促しノウハウ移転を進める。また、同機構が新型コロナウイルス感染症の影響で財務基盤が一時的に悪化した地域の主たる中堅・中小企業等の経営改善等のため事業再生の枠組みを活用した支援や地域金融機関と連携したファンドを通じた資本性資金の供給等を進める。
- 地域の中堅・中小企業の成長促進のため、DBJの特定投資業務等を活用して地域金融機関との共同投資を通じたノウハウの共有や人材育成を行い、地域で新たな事業と市場を創り出すリスクマネー供給の担い手を育成する。

「先導的人材マッチング事業」の活用については、以下の内閣府地方創生推進事務局のホームページが参考になります。

地域の中小企業・小規模事業者が価値創造や生産性向上に貢献するためには、企業としてのガバナンス（企業統治）が欠かせなくなっています。ワンマン経営者では、この情報化社会では、多くの迅速な情報収集とデジタル・データ化の動きによる意思決定がなかなか難しくなっています。その点を補強し、経営者としてのリーダーシップの教育を受けている「先導的人材」が必要になります。企業内の若手にも、その「先導的人材」になる可能性を持った人材もいますが、当面は、大企業の管理部門や地域金融機関の融資・外訪部門の経験者が、その適材と思われます。これらの人材は、企業とともに持続可能な価値創造・生産性向上やビジネスモデルの構築を担えることができるはずです。内閣府地方創生推進事務局では、ハイレベルな経営人材等のマッチングに対する支援を行っています。

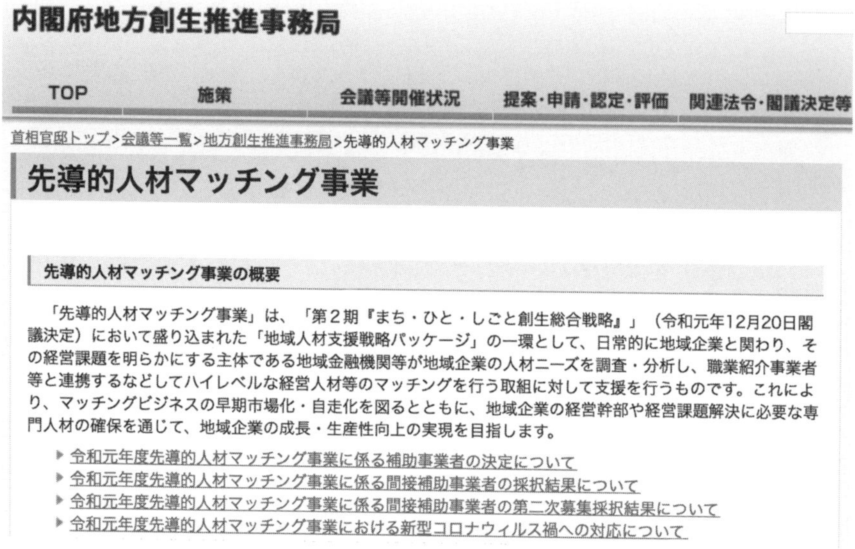

内閣府地方創生推進事務局

TOP　施策　会議等開催状況　提案・申請・認定・評価　関連法令・閣議決定等

首相官邸トップ＞会議等一覧＞地方創生推進事務局＞先導的人材マッチング事業

先導的人材マッチング事業

先導的人材マッチング事業の概要

「先導的人材マッチング事業」は、「第２期『まち・ひと・しごと創生総合戦略』」（令和元年12月20日閣議決定）において盛り込まれた「地域人材支援戦略パッケージ」の一環として、日常的に地域企業と関わり、その経営課題を明らかにする主体である地域金融機関等が地域企業の人材ニーズを調査・分析し、職業紹介事業者等と連携するなどしてハイレベルな経営人材等のマッチングを行う取組に対して支援を行うものです。これにより、マッチングビジネスの早期市場化・自走化を図るとともに、地域企業の経営幹部や経営課題解決に必要な専門人材の確保を通じて、地域企業の成長・生産性向上の実現を目指します。

- 令和元年度先導的人材マッチング事業に係る補助事業者の決定について
- 令和元年度先導的人材マッチング事業に係る間接補助事業者の採択結果について
- 令和元年度先導的人材マッチング事業に係る間接補助事業者の第二次募集採択結果について
- 令和元年度先導的人材マッチング事業における新型コロナウィルス禍への対応について

なお、「先導的人材」の養成には、通信講座『地域経済と中小企業の発展を支援する 経営指導者養成コース（全3冊）』（中村中著、ビジネス教育出版社）をお勧めします。

- 自然災害債務整理ガイドラインを改正し新型コロナウイルス感染症の影響を受けた個人事業主等の債務整理支援を実施する。
- 中小企業等を含むサービス産業に関する政策が目指す指標等について生産性向上に寄与する各要素と産業政策との関係、業種別の特性や新型コロナウイルス感染症が及ぼす影響等も踏まえ検討を行い2020年度中に結論を出す。
- 新型コロナウイルス感染症の感染の状況等を見極めつつ、「Go To 商店街」事業を実施する。キャンペーンの実施に当たり、感染拡大防止策を徹底しながら、全国の商店街等において賑わいを回復するため、イベント・キャンペーン、プロモーション、観光商品開発等を実施する。

コロナ禍で、多くの中小企業が大きく売上を減らし、三密防止やテレワーク・医業本位制へのシフトで翻弄されていますが、国民へのワクチン接種後には正常化の見込みも立っています。しかし、デジタル・データ化と情報重視のガバナンス経営化は定着して戻らないものと思われますし、同時にこれらの浸透を踏まえた、災害対策・情報管理・サイバーチェックなどのリスク管理が必須になると思われます。

⑥ 海外展開の促進と国内外サプライチェーンの強靱化

- 越境電子商取引や海外クラウドファンディング等の新規ツールを活用し海外展開に取り組む中小企業に対し海外市場に適した試作品やブランドの開発等に関する支援を強化する。
- 全国で海外市場に挑戦する中小企業が出現するよう経営者が海外展開に必要なスキルや知見等を体系的に習得できる学び直し方策について検討を行い2021年度中に具体化する。
- 新型コロナウイルス感染症の影響により、供給に支障が生じた部品産業や国内供給が不足する医療物資産業等について国内投資促進事業等により生産拠点等の新増設や設備の導入支援等を行うなどし国内外におけるサプライチェーンの強靱化を推進する。また、地域企業のビジネスモデルの見直しや創出も支援する。

中小企業経営者として、海外展開や国内外のサプライチェーンを考える場合、輸入が仕入れであり、輸出が販売であることから、商品・製品の流れに沿って事業内容を展望する必要があります。馴染みの少ない海外取引・貿易取引・外為取引は、ややもすると、特別な事業内容に思うようですが、基本的には国内取引と同様です。ただし、時間と空間の広がりにおいて、国内取引では想定できないリスクがあります。そのリスクを、次ページの情報によって抑えることが重要であり、そのことが生産性の向上に繋がります。

本文へ　サイトマップ　English

文字サイズ 小 中 大

トップページ　中小企業庁について　中小企業憲章・法令　公募・情報公開　審議会・研究会　予算　白書・統計情報

トップページ ▶ 経営サポート ▶ 海外展開支援

経営サポート「海外展開支援」

海外展開を目指す中小企業・小規模事業者向けに各種支援施策や制度情報等をご紹介しています。

冊子の紹介

1．中小企業施策全般をまとめた冊子

2020年度版中小企業施策利用ガイドブック
(在庫無し)
>>過去のガイドブックはこちら

2019年版中小企業白書
書店にて販売中

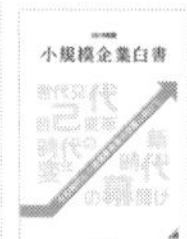

2019年版小規模企業白書
書店にて販売中

3.目的別の施策ごとにまとめたリーフレット

中小企業デジタル化応援事業
(PDF形式：1,272KB)
(在庫無し)

商業・サービス競争力強化連携支援事業 成果事例集2018
(PDF形式：13MB)
(在庫無し)

働き方改革支援ハンドブック
(PDF形式:852KB)(令和2年2月21日更新)
(在庫無し)

働き方改革・生産性向上に資する補助金の活用事例(PDF形式:585KB)
(在庫無し)

2 中小企業経営者の事業生産性向上の具体策

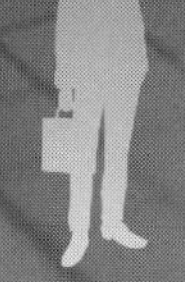

1 経済産業省の「中小サービス事業者の生産性向上のためのガイドライン」

中小企業の生産性向上に対して、実務面で具体的に役立つガイドラインは、平成27年1月の経済産業省が作成した「中小サービス事業者の生産性向上のためのガイドライン」であると思います。令和2年7月17日公表の前述の「成長戦略フォローアップ」における「7.（1）KPIの主な進捗状況」では、「中小企業から中堅企業に成長する企業が年400社以上となることを目指す」となっていましたが、その他の大半の中小企業においても生産性向上の策を講じて、中堅企業を目指すことが求められます。

筆者のコンサルティング経験から思い起こせば、中小企業から中堅企業に成長する企業は、経営者のリーダーシップもさることながら、社内の組織や内部統制、経営理念、経営改善計画などが奏功していました。経営者は自ら直接手を下すことに加えて、企業内部の枠組みや雰囲気づくりに努力していました。この経営手法こそ、中小企業の生産性向上に必須であり、経営者は必ず身につけておかなければならないと思います。このガイドラインでは、企業の個別の事業について、事業生産性向上策を述べていますが、その裏側には経営者の姿勢が見え隠れしています。そこで、筆者の経験から、それぞれの項目の後に「経営者の視点」を追加することにしました。

これから、「中小サービス事業者の生産性向上のためのガイドライン」について述べていくことにしますが、まずは、労働生産性と生産性の向上についての考え方から入っていきます。

労働生産性とは「1 人当たりの付加価値額」のことです。
以下のように計算します。

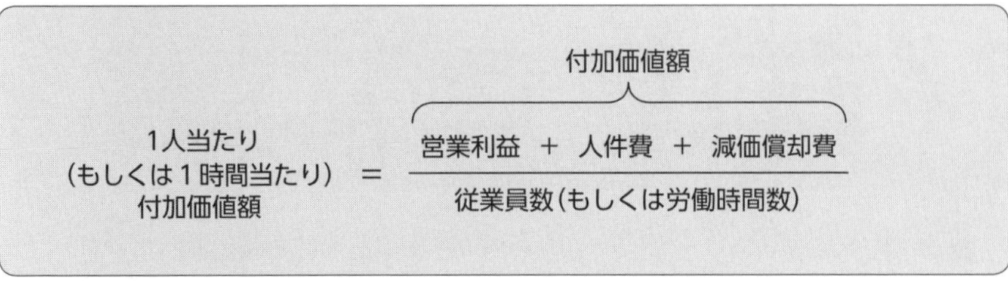

（出典）平成26 年度版 中小企業新事業活動促進法「今すぐやる経営革新計画」（一部修正）

生産性を上げるということは、以下のように考えられます。

$$生産性向上 = \frac{付加価値の向上、革新ビジネスの創出}{効率の向上}$$

（出典）「サービス産業におけるイノベーションと生産性向上に向けて報告書」（平成19年4月）

この式で示されるように、労働生産性を向上するためには大きく分けて、２つの方向が存在します。

付加価値の向上……提供するサービスの価値を増大させる（売上げ向上）
効率の向上…………時間や工程の短縮（コスト削減）

例えば売上げ向上を目指す場合、「客単価を上げる」、「客数を増やす（新規顧客を増やす、リピーターを増やす）」、「商品回転率、客席回転率を上げる」といったことを考えるでしょう。それらを実現するための手法は、以下のように様々です。

すなわち、労働生産性を向上させるには、「付加価値」と「効率」がポイントになることを実務的に述べています。次に、付加価値の向上と効率の向上に対して、以下のように具体的に解説しています。

自社が成長するために誰に、何を、どうやって提供するのかを再確認し、それを実現するために合致する手法を選択します。

ちなみに、「付加価値向上」の各項目については、「1．誰に(1)(2)　2．何を(3)(4)(5)(6)　3．どうやって(7)(8)」と分けることができます。また、「効率の向上」については、(9)(10)として述べています。

1.付加価値の向上	1)誰に	(1)新規顧客層への展開 (2)商圏の拡大
	2)何を	(3)独自性・独創性の発揮 (4)ブランド力の強化 (5)顧客満足度の向上 (6)価値や品質の見える化
	3)どうやって	(7)機能分化・連携 (8) IT利活用(付加価値向上に繋がる利活用)
2.効率の向上		(9)サービス提供プロセスの改善 (10) IT利活用(効率化に繋げるための利活用)

2　付加価値の向上と効率の向上

付加価値をアップし効率を高めて、生産性を向上するには、自社が何を目的とする企業（コーポレート）かという「経営ビジョン」と、誰に・何を・どうやって提供したいのかという「戦略」「コンセプト」を選択する必要があります。そこで、各項目には、ガイドラインの事例と方針に加えて、「経営者の視点」として、経営者の長期にわたるワイドな見方と自社の役職員と合議を行う取締役会をイメージしながら、後段（第3部）に繋がる「組織、内部統制、経営理念、経営改善計画」について補足的に述べています。詳しくは、第3部で「企業生産性」として体系的に解説しています。

誰に

◆「誰に」を考える

顧客の範囲や属性が広くなれば、それだけ多種多様な期待やニーズに応えるためにサービス・商品は最大公約数的なもの、「よくある当たり前のもの」となり差別化が難しくなります。従って、まず自社の提供できるサービス・商品の特性を見極め、対象とすべき顧客層を特定しましょう。

その上で、今、自社の顧客となっている層を超えた潜在的な顧客を顕在化することも必要です。同一地域にいるにも関わらずこれまで対象にできなかった顧客や、商圏の外と認識していた別の地域の顧客を開拓することが考えられます。こうした方策によって、サービス・商品の提供範囲が拡大し、生産性を向上することが出来ます。

① 新規顧客層への展開

【ガイドラインの事例】

- 都市部のタクシー会社が、妊婦や子育て中の母親向けに保育所や塾への送迎サービスや、一人で外出が困難な高齢者向けに買い物への同行サービスなどを開始することで、ビジネスマン以外にも顧客層を拡大する

【ガイドラインの方針】

これまでマーケティングの不足などの理由で、事業の主たる対象にしてこなかった、または意識しなかった同一商圏内の主体を新たな顧客としてビジネスモデルに取り込むことが、付加価値の向上を通じた生産性向上に繋がります。すなわち、事業の主たる対象を拡大・再設定し、事業の付加価値を拡大するものです。

ただし、新規の顧客に拡大するためには、提供するサービス・商品の内容や提供方法等の修正が必要なケースが多いと考えられます。この場合、研究開発や設備への新たな投資、人的体制の強化等が必要になります。そ

の際、得られる効果に見合った投資等でなければ生産性を却って低下させてしまいますので、マーケティングによる綿密な情報分析等に基づき費用対効果を確認することが重要です。

より効果的な新規顧客層へ展開のためには、ターゲットとする新たな顧客層の属性やライフスタイルを具体的に設定することや、既存顧客の中でターゲットを明確化し関係性を強化すること、他社との違いに敏感な顧客層に対する情報提供の手法の工夫、将来の成長性がある顧客層へ展開を検討する必要があります。

【経営者の視点】

中小企業の経営者は、日常の事務的なルーティンワークがありませんし、上司への気遣いもありませんから、対外的な情報やマーケット情報を社内で最も冷静に分析する立場にあります。当地域の保育所や塾への送迎サービスや、高齢者向けの買い物の同行サービスのニーズがあるかは、感覚的には理解できます。しかし、地域の客観的な情報であるRESASや経済センサス（詳しくは123～128ページ参照）での情報でこれらは確認が取れます。検証は、他の役職員に目を変えて見てもらいたいものです。

また、従来の顧客層をビジネスマンから個人層へ拡大するには、社内においては、タクシーの内部設備の変更、運転手に対する教育、新規の設備投資や教育研修の資金調達、運転手の配車、などの手配をしなければなりません。これには、車両課・人事課・財務課・運行課などの各部署で、細目を詰めてもらい、ヒト・モノ・カネ・情報の経営資源投入の調整を行い、配置転換や新規採用の方針も決定しなければなりません。社内組織としては、車両課から社内リフォーム課、また人事課から研修課を独立させるなどの組織改編も必要かもしれません。取締役会では、マーケットの状況を含めた報告、新規業務の推進報告・新規業務や内規の変更決議・組織改正などの決定もしなければならないと思います。さらには、広告宣伝や情報開示も必要です。経営者一人の意思決定だけでは、情報が不足し、判断が偏ることも懸念され、難しいと思います。また、ビジネスマン以外の地域住民に対象を広げるということから、地域貢献も重視しなければならず、経営ビジョンや戦略の変更も検討し、経営改善計画やモニタリング施策の修正もしなければならないかもしれません。

② 商圏の拡大

【ガイドラインの事例】

- 地元小売業と取引していた食品卸売業が、高価格・高品質な地域ブランド産品を扱う農家や漁師と連携し、長距離での鮮度維持が可能な物流業者を活用することで、東京など中間所得層が多く高付加価値商品が好まれる大都市圏に商圏を拡大する。

【ガイドラインの方針】

ロジスティック確保や情報の提供が困難などの理由で、これまで事業の対象ではなかった商圏に対し、近年急速な進歩を遂げつつある情報ネットワークや宅配サービスなどを活用してサービス・商品の提供範囲を広げることが、付加価値の向上を通じた生産性向上に繋がります。すなわち、事業の主たる地理的範囲を拡大・再設定し、事業の付加価値を拡大するものです。

ただし、商圏を拡大するためには、提供するサービス・商品の内容や提供方法等の修正が必要なケースが多いと考えられます。この場合、研究開発や設備への新たな投資、人的体制の強化等が必要になります。その際、得られる効果に見合った投資等でなければ生産性を却って低下させてしまいますので、マーケティングによる情報分析等に基づき費用対効果を確認することが重要です。

より効果的な商圏の拡大のためには、新たな商圏を具体的に設定することや、他社との違いをアピールできる情報提供の手法の工夫、将来の成長性がある商圏への展開を検討する必要があります。

【経営者の視点】

営業セクションからは、商圏拡大の提案がなされることが多々あります。その場合は、現状のマーケットと拡大するマーケットのRESAS・経済センサスなどの客観的数値の分析や、自社の競合他社の動き、また自社の仕入れ・在庫・販売に関する変化や取扱商品の変更など、経営者としては全体観をもって判断しなければなりません。実際、社内では経営者だけが、商工会や商工会議所また行政機関・金融機関・業界団体、経営者仲間との情報パイプがあって、外部環境の変化を広く把握できる立場にあります。また、地元から離れた大都市圏の情報も取りやすく、商圏拡大の成否などの意思決定も行いやすいものの、それらの経営者の情報は、総じて定性的なものが多く、自社の役職員から入る定量的な情報が枯渇する傾向にありました。

社内からは、従来、多くの情報が入ってきませんでしたが、最近は、営業会議を活性化して、担当者にマーケット分析や競合他社の動向に関する情報を積極的に求めるようになり、経営者自ら得た情報との整合性を確認するようになって、かなり精度の高い意思決定ができるようになってきました。実は、その成果が大都市圏への商圏拡大に通じています。

一方、取締役会でも、経営者は仕入部長に対して、地域ブランド産品の農家や漁師からの調達の可否について意見を求め、運送部長には物流業者・宅配業者や倉庫業務の可否について、また営業部長には東京販売店の事情と新規開拓店舗や競合他社の動向について、そして、総務部長には、研究開発投資や商圏拡大における従業員の労働実態の変化、人事部長には人事評価や研修における人的負荷の動向など、報告と意見を求めました。各部長には、取締役会前に事前調査を依頼し、取締役会の協議の時間に発言を求め、決議を行って、大都市への商圏の拡大の決定を行いました。かつては、経営者が独断で決定をし、営業部長にアクションプランを提出することを指示するだけでした。今回は、取締役会などを活用して効果的な動きができたと思っています。

何を

◆「何を」を考える

次に、前項で特定した顧客のニーズにあったサービスを考えましょう。また、その顧客にとって、他社や、自社が過去に提供していたサービスとの差別化要素を作り出しましょう。これにより顧客の期待価値を上げることが、生産性向上につながります。

さらに、常にサービス・商品の内容やその提供方法を革新し、顧客の期待価値を上げ続ける努力が必要です。一方で、均質で安定したサービス・商品を提供するなど、サービスのブランド化を図ることで顧客の信頼を獲得することも有効な手法です。いずれにしても、重要なのは、顧客のニーズを常に把握し、提供するサービスの品質がそれに合致し、また上回るようにする努力が不可欠です。

③ 独自性・独創性の発揮

【ガイドラインの事例】

- 観光地の旅館が、団体客などに対応して客室の回転率を高めるのではなく、1日に受け入れる客数を限定させて、小規模な施設ながら高品質な内装、きめ細かな接客により客単価を上げる方向性を取ることで地域内の大規模な観光旅館と差別化する。

【ガイドラインの方針】

あるサービスを長く提供していると、品質・機能等が同一であっても、顧客にとってはそのサービスの効用は低減します。従って、顧客の期待価値を高め、あるいは維持すためにも、自社がこれまでに提供してきたサービス・商品や競合他社のそれらとの差異を打ち出す必要があります。他に誰も提示していないような新規のコンセプトを打ち出す、異なる要素を組み込む、特定の要素に特化・深堀する、新たな提供方法を考え出す等によって既存のサービス・商品とは異なる独自の価値を提供するということです。

より効果的に独自性・独創性を生み出すには、自社が現在提供しているサービス・商品を客観的に把握・分析し、その優位性を延ばす、あるいは欠点を改善することが有効です。もちろん「世界初・日本初」「最先端技術を最初に採用」といった新規性は大変有効ですが、それに限らず、特に地域性の高いサービスについては、同一地域における他社における提供状況、他地域における先進的成功事例などを勘案しながら、あくまでも顧客視点で独自性・独創性を捉える必要があります。言うまでもなく、単に独自のものを提供しても顧客が求めるものでなければ購入してもらえません。

【経営者の視点】

当社は、お客様に満足してもらうために、高品質な内装、きめ細かな接客を経営方針として、従業員・パートに至るまで、この方針を徹底することにしました。朝礼や夕礼時には、必ず、この方針を唱和し、励行することにしています。顧客からのクレームや意見については、皆で共有し直ちに改善をすることにしました。

コロナ禍で、1日に受け入れる客数が限定され、高品質の内装やきめ細かな接客で、客単価を上げることができ、今後の生産性向上の見通しも立って、ウィズコロナやアフターコロナの窮境を乗り越えることもできる見込みになりました。

社内体制としては、団体客勧誘の部署を縮小し、客単価の高い顧客への絞り込み業務を強化しました。営業部から予約部を分離独立させ、顧客の情報管理を強化するためにデジタル・データ部を新設するという組織改編も行いました。取締役会においては、従来の営業部（予約部）・調理部・商事部・人事総務部・経理部・IT部の各部長からの報告以外に、顧客からの新しいニーズやクレームに関する情報を、追加報告するようにしました。

広告宣伝の対象や内容も変化するために、営業部内部にプロジェクトチームを作って、そのリーダーから、新しい企画やイベントについて報告をさせ、全取締役で協議することにしました。

改装費や広告宣伝費なども増加することから、資金調達金額もしばらく増えることが見込まれますので、人事総務部に情報開示資料の作成を依頼しました。情報開示資料には、取締役会の議事録も加え、取締役会の報告事項、決議内容も記載し、借入れしている金融機関に提出することにしました。

今までの、月1回の取締役会は、ほとんど社長の独演会でしたが、最近では、各取締役の発言も増加し、その内容は議事録に落とし込み、取締役への全員回覧をしています。

④ ブランド力の強化

【ガイドラインの事例】

- 雑貨店が「ドキドキ感、わくわく感を提供する」コンセプトを打ち出し、レジャー施設やテーマパークのようなデザイン性が高い装飾品や商品棚を設置する。同時に、人材研修にて、異業種（レジャーや観光業等）から「人を楽しませる」ノウハウを学ぶとともに、日々の教育によるコンセプトや経営理念の浸透にて、来店者に楽しんでもらえる接客体制を構築する。

【ガイドラインの方針】

顧客の期待に見合う付加価値を提供することにより、当該サービスを購入したら得られるであろう満足感や特別感を高めること、すなわちブランド力を強化することが重要です。そのためには、提供するサービス・商品の持つ「こだわり」や「価値・品質」を積極的に情報発信することが有効ですが、単に高価格のサービス・商品を開発したり、やみくもに品質向上を目指すことを意味するわけではありません。十分なマーケティングに基づいて顧客のニーズや期待されるサービス水準を把握・分析し、それを常に満たすもしくは上回るサービス・商品を提供し続ける必要があります。併せて、的確な情報提供・広報やイメージ作り、ビジネスモデルに直接関わるブランド戦略を策定することが必要です。顧客がサービス・商品の価値や品質を体感・実感でき、将来提供されるサービス・商品に対する信頼が醸成されることで、ブランドイメージが定着し、そのデザインやコンセプト自体に顧客が価値を見出すようになります。

より効果的にブランド力を強化していくためには、まずコンセプトを明確に打ち出すことが大切です。そのうえで、サービス・商品の内容はもとより、提供手段である店舗やサイトの設計、サービス提供するスタッフの振る舞い・言葉遣い・身だしなみなど顧客とのあらゆる接点をそのコンセプトに基づき一貫させることが有効です。さらに、提供するサービス・商品のバラつきを無くし品質を安定化させる、サービス・商品の品質を保証して、顧客の信頼性を向上することもブランド力の強化に必要です。

【経営者の視点】

既存の雑貨店では、商品の取り揃えや店舗内装に特徴を出して、顧客ニーズを絞り込み、販売促進を図ることは、難しいと言われていました。しかし、最近では、仕入れ・在庫・販売先・店舗レイアウトまで、自社のコンセプトに統一し、ブランド化するケースも増えています。

店舗が1店の場合を除き、複数店舗の場合は、このブランドのコンセプトやイメージを確立しなければならず、各部署のリーダーがブランド戦略を十分理解し、例外なく同一的な動きを長期間続けることがポイントになります。経営者は、取締役会等でブランド戦略について、各取締役の疑問点を完全に払拭し、原則として、全員一致の決議を取り付けなければうまくいきません。具体的には、仕入れ商品の統一化、店舗内装の均一化、広告宣伝の工夫、在庫数量管理の徹底など、自社や自店の方針を貫くことから、品揃えや価格戦略で各部署の交渉力がかなり求められることになります。

また、顧客に対するブランドの浸透力が弱い場合や、競合企業や店舗との競争の劣勢については、戦略の修正が必要になります。全店の経営計画や個々の店舗に計画の策定、またその実績のモニタリング体制の構築も、経営者には細かい点までの注意が求められます。特に、新店舗出店時には、一般的には売上が上がるものの、時間の経過とともに勢いが弱まり、新店舗の出店が止まった段階で、企業の業績が低下し、ブランド化が続かなくなることが心配されます。

⑤ 顧客満足度の向上

【ガイドラインの事例】

- ホテルが、自動チェックイン・チェックアウト装置を導入することで、顧客が素早く受付を終えることができる仕組みをつくるとともに、大学や研究機関の研究成果に基づいて寝心地を高めた寝具を導入することで、部屋にて1分でも長くぐっすりと眠りたいビジネスマンに向けたサービスを展開する。

【ガイドラインの方針】

付加価値を持続的に向上させるためには、その価値の受け手である顧客の期待を満たすことが必要です。そのためには、十分なマーケティングに基づいて顧客のニーズや期待されるサービス水準を把握・分析し、提供するサービスの品質がそれに合致し、また上回るよう維持する努力が不可欠です。

その際、常に変化・高度化する顧客ニーズを的確に捉え、弛まぬ技術革新・経営革新努力によって新しいサービス・商品を創造し続けることが有効です。他方、サービスの品質を高い水準で維持し、提供されるサービス・商品の内容やその提供方法等を均質化することで顧客の信頼を高めることも有効と考えられます。

どのような手法を採用するにせよ、顧客のニーズや期待を的確かつ迅速に把握し分析することが重要ですが、より効果的な顧客満足度の向上のためには、顧客のニーズが必ずしも画一ではなく、むしろ多様性を持っていることが多い点に留意する必要があります。その上で、出来るだけ広範な顧客の満足度を満たすのか、特定の顧客層に対象を絞ってより高い顧客満足度を目指すのか、提供するサービス・商品の特性等に応じてビジネスモデルを構築することが有効です。

【経営者の視点】

ビジネスホテルを運営する企業には、CS部（Customer Satisfaction、顧客満足）があります。おそらく、このホテルでも、CS部があって、自動チェックイン・チェックアウト装置の導入は顧客満足に繋がるということで、この企画を採用することになったと思います。また、寝心地の良い寝具の導入も、同様にCS部の提案かもしれません。しかし、ビジネスホテルの経営者は、この設備投資によって、宿泊客が何人増加するか、リピーターはどのくらい増えるか、という増収計画を立て、この自動チェックイン・チェックアウト装置で、何人のフロント担当者の数を減らすことができるか、という人件費削減計画を策定し、何年後にこの投資が回収されるかを算定すると思います。

このビジネスホテルが、チェーン化している場合は、ホテルチェーンの企画部が幾通りかのシミュレーションを出して、経営者が判断することになります。その他に、経営者は近隣のビジネスホテルとの稼働比較を行ったり、その町の人口増加や出張者の見込みをRESASや経済センサスから算出したり、金融機関や行政機関へのヒアリングで確証を得ると思います。

合わせて、経営者は、顧客情報や顧客アンケートの分析を行い、客室や什器備品の改善、フロント係・接客担当者の教育研修などで、顧客満足度のレベルアップを実現し、企業としての経営ビジョンやコンセプト、組織改編などで、長期的な経営基盤の確立を狙うものと思います。

⑥ 価値や品質の見える化

【ガイドラインの事例】

- 住宅のリフォーム業者が、場所（キッチン、リビング、バス、トイレ等）と広さ、工事の方法、導入する資材・設備等の組み合わせでリフォーム工事をパッケージ化して、必要な総費用を事前に提示する。顧客は事前に自分達が必要とするリフォームを予算とともに選択できる。

【ガイドラインの方針】

提供されるまでその価値・品質が確認できないサービスにおいて、顧客が事前にサービスを比較し選択できる仕組みを構築することが有効です。事前に必要な情報を得られることで、顧客は、満足度が低いサービスに甘んじたり、試行錯誤に伴う無駄な出費や、期待価値以上のサービスへの過剰な出費を強いられることを回避できます。

より効果的な価値や品質の見える化のためには、口コミサイトやサービスの認証等自社以外の仕組みを上手く活用することが費用対効果の点で優れた手法です。ただし、この場合、顧客が誤った情報を受け取るリスクや競業他社に模倣されるリスク、認証制度そのものに対する信頼性の確保等の課題があることを認識し、その対策も含めて実施することが必要です。

さらに、自社が提供するサービス内容の情報提供にあたっては、景表法等の法令を遵守することが必須です。

【経営者の視点】

地域に密着している比較的小体の建設会社と言われる工務店では、従来、リフォームを受注した場合は、躯体・外壁からキッチン、バス、トイレまで、施主（注文主）と打合せを行って、自社にて、設計・工事・什器備品の搬入設置などの多くの工程を行っていました。その間、このリフォーム業者である工務店は、ヒト・モノ・資金の手配を行って忙殺され、工事が完成しても、施主からは、工事の内容、価値、品質が見えないことから、工事期間や予算に関するクレームを受けることが多かったものです。

現在では、キッチン・リビング・バス・トイレなどは、それぞれのメーカーが機能別に商品化して、大型家電器具と同様に、施主は自分の気に入ったものを選ぶことができるし、その組合せで、イメージ通りのリフォームを予定の期間と予算でできるようになって、見える化が達成しています。

工務店としても、リフォーム工事の見える化が実現し、個々の業務は定型化し、従業員の業務も分業化されるようになりました。例えば、水回りや配線工事また調理家電の取り付けなどの複雑な業務は、システムキッチンの設置で完了し、バス・トイレなどの注文・搬送・据え付けも定型業務になり分業化が進みました。リフォームは、かつては工事現場長の裁量に任され、経営者や社内のメンバーとの連携もギクシャクすることが多かったのですが、最近ではリフォーム工事のパッケージ化で、分業化が進みました。工事現場長と工務店本社との間もスマホのアプリなどで情報交換が密になりました。スマホによる工事現場の遠隔管理も可能になり、社内の連携も機能するようになっています。

しかし、リフォーム業者である工務店は、施主へのリフォーム工事や資金繰りのアドバイス業務が顧客サービス業務に加わるようになりました。また、そのリフォーム工事のアフターサービスや相談も増加しています。工務店の経営者は、営業課・管理課・設計課・技術課などの社内各部署の管理に加え、システムキッチンなどの納入業者との関連業務もあって、工事の煩雑さから解放されたものの、顧客サービス業務などが上乗せされるようになっています。このようになりますと、従来のワンマン経営では、業務の円滑な連携はできなくなってしまいます。経営者としては、社内の組織改編や、取締役会の運営などの内部統制、経営計画策定やフォローも必要になってきます。そのうえに、地域密着企業としての工務店として、地域貢献やイレギュラー・トラブル案件の丁寧な対応も必要になり、経営者の守備範囲はより大きくなっています。

どうやって

◆「どうやって」を考える

第三に、上記で検討した顧客と、その顧客にあったサービスを、どのような方法で提供するかを考えましょう。

まず、同一・類似のサービスを提供する他の事業者との競争の中で、より多くの顧客に選択してもらうためには、サービスの内容について十分な情報提供を行うことがポイントです。サービスは、顧客が事前にその価値や品質を知ることが困難だと言われていますが、顧客が事前に十分な情報に基づいて判断でき、そのサービスがニーズに沿うものであれば、顧客は無駄な出費をしなくて済みますし、満足度も向上します。

サービスの提供においては、他の事業者と連携することも有効です。関係するサービスを包括的に提供することで顧客が享受できるサービスの幅を増やすことが出来れば、当該サービス全体に係る顧客の期待価値を高めることも可能です。

⑦ 機能分化・連携

【ガイドラインの事例】

- 地域の卸売・物流業者が、顧客である地元生産者や食品メーカー、食品スーパーに対して、地域産品を用いた新商品を共同で試作できる調理場、包装パッケージや商品陳列などをテストできるショールームなどを整備することで、地元事業者へ商品化やマーケティング強化のサービスを提供する。

【ガイドラインの方針】

ビジネスモデルを構築する際、自社が持つ経営資源とその強みを的確に認識し、それを最大限に活用・発揮できる方法かどうかという観点で考えることが重要です。その際、技術やノウハウなど自社の強みを知的財産としてしっかり確保しつつ、それが生み出す付加価値を最大化できるように社外のネットワークを構築することが有効です。

他方、自社の経営資源の不足やその弱みを認識することもまた重要です。一般に規模が小さい中小企業では、ヒト・モノ・カネ等全般において経営資源が不足がちであることから、不足する経営資源を外部に求める必要があります。顧客は、部分や部品ではなく全体をワンストップで提供されるサービス・商品を期待することも多く、異分野・同分野の他企業や外部専門家との連携によって、それを実現することが可能です。

より効果的な機能分化・連携のためには、自社の経営資源とその強み・弱みを明確かつ客観的に認識し、コア業務すなわち真に付加価値を創造できる業務に集中できる体制を実現することが重要です。そのためには、目的を共有し、それを実現するための役割を分担できるパートナー関係を構築することが必要です。そして、コア業務への集中によって生み出された新たな付加価値は、連携体や顧客にとってのメリットとして還元を図る、いわゆるシナジー効果を得ることが求められます。

【経営者の視点】

地元生産者・食品メーカー・食品スーパーは、それぞれの強みや特徴を生かした食品の供給を行っていますが、何と言っても、顧客ニーズの直接把握が商品化やマーケティング強化には欠かせません。具体的に、これらの地元生産者に対して、新商品を共同で試作する調理場や包装パッケージまた商品陳列などのテスト·ショールームを整備することは、地元生産者·食品メーカー・食品スーパーにとって、顧客ニーズの把握に役立つものですが、最終ユーザーから厳しく比較されたり、自社の㊙部分を晒すというリスクがあり、なかなか独自では踏み出せません。

一方、地域の卸売・物流業者は、仕入れ・販売業務と保管の機能が本業であり、その他の業務サービスに対しては、個々の事業だけでの採算は見通すことができないため、チャレンジが難しいものです。ここでは、企業全体や地域貢献を展望できる経営者自身のリーダーシップが必要になります。自社の営業部長や仕入部長・企画部長・総務部長などでは、それぞれの分掌を大きく超えた活動を行いにくいものです。また、地元生産者・食品メーカー・食品スーパーの経営者も、最終ユーザーからの比較や自社の㊙部分の開示というリスクがありますので、それぞれの企業の利害がぶつかり合って、前に進まないものと思われます。これらの経営者への説得は、やはり、地域の卸売・物流業者の経営者の力が必要だと思います。

しかし、この経営者が、ワンマンであってはうまくいきません。この企画を行うにあたっては、地域の卸売・物流業者の取締役会で全社的なコンセンサスを得ることが必須であるからです。このイベント的事業には、営業部長には食品スーパーや顧客の動向について、仕入部長には地元生産者や食品メーカーの評価や、取引パイプの拡大の見込みや実績について、見る必要があります。企画部長にはこの事業の総合的な効果測定や次の企画の準備について、総務部長にはこのイベントに関する人的・物的支援体制の問題点や課題について、動いてもらわなければなりません。ワンマン経営者の場合は、どうしてもこのような地道な動きまでは手が回らず、そこに関係するステークホルダー（利害関係人）への影響やフォローもできないと思います。この機能分化や連携については、経営者の力が欠かせないと思います。

特に、コロナ禍では、地域全体の機能分化と連携が重視され、地域の卸売・物流業者は、仕入れ・販売・配送・保管の機能が見直され、地元事業者である地元生産者・食品メーカー・食品スーパーも、それぞれの役割が大切になります。そして、各企業やその中の部署の連携が地域住民や他の企業や機関への貢献になります。移動の制約・三密防止の世界における、地域内の機能分化や連携は、一層、地域貢献を高め、長期的でワイドな自社への収益に役立つことになると思います。

なお、このように個々の企業を乗り越えて、サプライチェーンや地域に属する多くの企業が連携を組んで協働することが、DX化への1つのプロセスになります。

⑧ IT利活用（付加価値向上に繋がる利活用）

経済産業省は、2020年11月に、「デジタルガバナンス・コード」を公表し、「あらゆる要素がデジタル化されていくSociety5.0（情報社会であるSociety4.0の次に来る超スマート社会）に向けて、ビジネスモデルを抜本的に変革（DX；デジタルトランスフォーメーション）し、新たな成長を実現する企業を生み出す」経営者が求められます。

このような考え方から、今までの①～⑦の「付加価値の向上の事例」は、IT利活用の事例に該当するということになります。ICT（情報通信技術）とビジネスを一体的に捉え、新たな価値創造に向けた戦略を描くということになります。

このようなIT利活用に向けた生産性の向上は、企業全体を巻き込んだ大変革ですが、中小企業の大半を占めるイエ社会の家長に当たる経営者としては、どのように対応するべきかが今後の課題になります。

【ガイドラインの事例】

- **＜（1）新規顧客層への展開＞**

  高齢化や有職女性の増加に伴い、なかなか開店時間に買い物ができない顧客のために、地域のスーパーマーケットがネットショップを開設する。リテールサポート（取引先への経営支援や提案活動）を手がける卸売業等とも連携して、地域内の顧客からの注文を迅速に配達。

【経営者の視点】

地域のスーパーマーケットの営業部長や仕入部長が、ネットショップの準備のために、部下の教育やデジタル機器の設置をしたとしても、地域マーケットの情報がなければ、これだけではうまくワークしません。人事部長の人員配置の手配や総務部長の労務管理、システム部長のデータ管理なども、企業内の多くの部署の仕事内容やその連携を知らなければ、稼働しません。自社にとっての新規顧客への展開については、社外と社内の接点になる経営者自身のデジタル・データ化の助けによる、長期的でワイドな経営者の視野と行動力が必要になります。このような動きに役立つ取締役会や経営会議で、皆のコンセンサスを得、デジタル・データ化による企業の有機的な動きを実践するには、家長的社長やワンマン経営者の壁を乗り越えなければならないと思います。

【ガイドラインの事例】

・<（2）商圏の拡大>

リサイクル品を扱う小売業が、顧客が直接来店しなくてもオンラインで売値の査定が可能なインターネットオークションの方式で商品を販売するサービスを提供。また、会員登録データベースの整備と購入実績の分析により、会員の趣向に合った商品が入荷した際に電子メールで通知。

【経営者の視点】

リサイクル品の小売業が、インターネットオークションを行う場合は、新たに、システム部・顧客情報管理部・インバウンドテレフォン受付部などを設置し、人事部や管理部などの拡充を図ることが必要です。少なくとも、その機能が各担当者の動きや思考に浸透することが大切です。同時に、事務フローの変更や、研修会も実施しなければなりません。経営者としては、デジタル・データ化を利活用して、商圏の情報収集や、取締役会や種々の会議資料の作成、また、商圏拡大業務のコンセプトや手法の情報提供を行い、それらの業務のバックアップ体制を作ることが必要になります。

【ガイドラインの事例】

・＜（3）独自性・独創性の発揮＞

寝具の小売業が、枕に内蔵した端末を使って睡眠時の情報を取得することで、枕とともに充実した睡眠を手助けする新たなサービスの提供を開始する。

【経営者の視点】

寝具の販売に特化した小売店が、今般、枕に内蔵した端末を使って、枕の購入者の睡眠の手助けをするという新たなサービスを行うことになりましたが、そのためには、新枕の科学的根拠や医学的な裏付けが必要になります。この情報やデータの提供を、デジタル・データ化で社内に徹底しなければなりません。同時に、アフターサービスの充実やクレーム処理の体制も作ることが大切ですが、これも新情報となりますので、デジタル・データ化で対応することが近道であると思います。このような独自性や独創性を発揮する業務を処理するには、取締役会などで各部署のリーダーと情報共有を行って、デジタル・データ化で、新業務の内容を従業員に徹底しなければならないと思います。

【ガイドラインの事例】

・＜（4）ブランド力の強化＞

鮮魚の卸売業者が、全国の各港と情報ネットワークを構築して、産地からの鮮魚情報・映像情報をリアルタイムで顧客に提供することで、卸売業者が直接に買い手のニーズとのマッチングを進める。

【経営者の視点】

鮮魚の卸売業者が、産地からの鮮魚情報・映像情報をリアルタイムで顧客に提供することで、買い手のニーズとのマッチングができ、増収が図れることは納得できます。しかし、発信情報の量や質の確保や信頼性の保障、またこのシステムの円滑な運用とクレーム処理、取引先の小売店からの営業連携や営業妨害などの調整等やリスク管理も必要です。このようなブランド力の強化には、デジタル・データ化が必須です。従来の部署の業務内容の変更や、組織再編、さらには、経営ビジョンや戦略また業務のモニタリング体制の構築も行わなければならず、経営者としては、ステークホルダーや社内に対する俯瞰的な視野が求められます。

【ガイドラインの事例】

・<（5）顧客満足度の向上>

旅館が、クラウドを活用した顧客関係管理システムを活用し、従業員がタブレット型端末を活用して顧客ごとの購買履歴や嗜好データを確認できるようにして、高品質な接客サービスを実施する。

【経営者の視点】

当旅館は、個々にサーバーを持たずに、クラウド活用で顧客管理面や接客サービス面が円滑になり、売上が上伸するかもしれません。しかし、従業員のタブレット型端末や顧客管理面のシステム運用のトラブル処理、情報管理や個人情報漏洩の問題なども、新たに生じ、その事後処理に手間がかかるかもしれません。従業員の職務分析を行って、組織再編で管理体制の強化も必要になります。

経営者としては、これらの目的が、顧客満足度の向上であることを全役職員に徹底すると同時に、便利さの裏にある、リスク管理体制の強化にも注力する必要があります。独断専行、即断即決型の家長的なワンマン社長では、このデジタル・データ化はなかなか導入できないかもしれません。取締役会などによる透明性のある意思決定や、それぞれの業務の監督フォロー、また内部統制の定着などに、注力する必要があると思います。

【ガイドラインの事例】

・<（5）顧客満足度の向上>

タクシー会社が、ＩＣカード携帯電話機を用いた配車システム、非接触型IC カードによるクレジット決裁システムを導入することで、電話受注や決算の時間を短縮し、利用者の利便性を向上させる。

【経営者の視点】

タクシー会社のデジタル・データ化については、当初の設備投資やドライバー教育に大きな負担があるし、その後のサービス運用コストも大きいと思います。地方都市などの場合は、少子高齢化で外部環境の変化やウィズコロナで、売上が大きく落ち込むかもしれません。デジタル・データ化で増収が見込めるものの、予想通りにいかないことも多く、経営者としての柔軟な対応が必要になります。

特に、ICカード（電子マネー）等による改革の場合は、社内の新しい資金管理手法やチェック機能の導入が伴いますので、ICカード（電子マネー）等において、顧客は満足度の向上ばかりではなく、煩わしさも増すかもしれません。経営者としてはその両面のフォローも必要になります。

【ガイドラインの事例】

・＜（6）価値や品質の見える化＞

ゴミ収集車が産業廃棄物を収集する際の価格は従来「言い値方式」だったが、高精度な計量器の設置と、カーナビ改良による回収先ルート・顧客情報と回収量の紐付により、料金を明確化・請求事務の自動化する。

【経営者の視点】

産業廃棄物処理業者などの認可業者であろうとも、業務の見える化要請から、デジタル・データ化が進みつつあります。従業員としては、デジタル・データ化によって、計量値の記録やカーナビなどによる管理の強化で、実質、労働強化になり、不満も募ることもあります。職務内容も、現場の業務に加えて、情報管理や労務管理・研修業務などの負荷も加わり、経営者としては、職務分析後の組織改編や管理業務も徹底しなければならなくなります。今後は、働き方改革、また、活用データの広がりやスピード化で、価値や品質の見える化の要請が強くなり、経営者一人では対応ができず、経営の協同化や合議制が重要になっていくと思われます。

【ガイドラインの事例】

・＜（7）機能分化・連携＞

複数の中小企業が連携して共同利用するクラウドシステムを構築することにより１社あたりの費用負担を軽減するとともに、情報の共有と分析を通じ複数の企業が協力し販路の開拓や仕入れ、連携により実現される新たなサービスの提供を行うことで収益力を強化する。

【経営者の視点】

中小企業が連携して、販売促進や仕入れに関するシステム開発をすることは、大きなコスト削減になります。この連携企業については増収になり、コストの削減も実現され、少なくとも、当初は好調なスタートとなることが多いようです。しかし、売上が落ち込んだり、固定費が想定よりも増加するようになると、その連携企業間の調整に手間がかかり種々の問題が顕在化して、経営者間の調整に進むことが多くなるようです。経営者としては、順調な連携であっても、アゲンストになることを想定して準備が必要になります。機能分化や連携については、各企業の取締役会で各部署のリーダーと、アゲンストになったときのことを、事前に相談しておくことも大切です。このような時の冷静な対応が、連携の効果を、一層高めることになります。

【ガイドラインの事例】

・＜（7）機能分化・連携＞

地域の基幹病院が、外来診療から急性期の治療（入院）、回復期のリハビリテーション病院まで、電子カルテや県内他施設との医療情報共有ネットワークなどのIT利活用で連携し、高度で充実した医療サービスを提供している。

【経営者の視点】

大病院・中病院・クリニックと役割分担を行うためには、患者のデータを医療情報共有ネットワークで利活用することは、地域医療の質の向上と量の効率化に役立つものと思われます。しかし、このデジタル・データ化には、利害関係が異なる各医療機関の協力が必要になります。そのうえに、医療関係者の働き方改革やチーム医療体制への変化の動きもあり、「言うは易く行うは難し」の状況のようです。また、コロナ禍で医療機関の負荷が大きくなり、コロナ患者の受入れ病院と他の病院の対応も異なり、医療関係者の働き方改革やチーム医療体制への改善も、なかなか進まない環境にあります。

ついては、各病院の理事長や院長は、平常時やアクシデント発生時のシミュレーションを行いながら、地域医療の向上と各病院の現実的な対応を考慮して、対策を講じる必要があると思います。最近では、地方自治は医療抜きには機能しなくなっていますし、これからも感染症対策なしには動かなくなるはずです。医療機関は、地域の行政機関や他の地域の病院群、地元の企業や団体、特に学校や金融機関などとの機能分化や連携を重視して、デジタル・データ化の支援を受けながら、活動していくことが必要になると思います。

【ガイドラインの方針】

前述（1）～（7）による付加価値向上を図る上で、急速に進展するIT（情報技術）を活用することも有効です。近年は通信機能を活用する製品やサービスも多数登場しており、必要に応じてこれらを活用することも付加価値の向上を図るにあたり有効な手段となります。

例えば（1）新規顧客層への展開や（2）商圏の拡大に取り組む場合、自社が提供するサービス・商品の情報についてインターネット等を通じて情報発信することにより非常に広範な顧客に対して情報を届けることが可能となります。また、「ビッグ・データ」と呼ばれる自社の内部に蓄積する情報やネットワーク上に存在する情報を収集・分析することによって、新たな顧客層や新たな商圏のニーズを的確に把握し、ニーズに対応した新規出店や新しいサービス・商品の提供が可能となります。IT を適切に活用することにより、自社の事業における付加価値向上を効果的に実現することができます。

他方で、効果的にIT 利活用を付加価値向上に繋げるためには、IT 利活用の有効性とあわせてIT 利活用に伴うリスクを認識し、それに対する適切な準備と対策を実施することが必要です。特に情報セキュリティの確保については、社外からの不正なアクセスや意図しない情報流出を防ぐ社内体制を整備することが極めて重要です。さらに、社内に蓄積される顧客の個人情報等についての安全管理を図ることも求められています。

効率の向上に関する具体的方法

⑨ サービス提供プロセスの改善

【ガイドラインの事例】

- 雑貨等を扱う小売業にて、属人的だったバックヤード（店の売場の裏側にある倉庫や準備室）の作業工程を分析して、本来ならば不必要であった作業を省いたり、必要な作業については標準化・マニュアル化して効率化を図る。

【ガイドラインの方針】

ものづくりの現場では、それが中小企業であっても、製造のプロセスをグラフ化・チャート化して客観的に把握するとともに、ＱＣサークル活動等を通じて日々改善努力が続けられています。サービス分野においても、業務フローなどのサービス提供プロセスを把握・分析し、作業や工程等の無駄・ロスの改善を通じた生産性の向上に繋げることができます。また、業務フローを的確に把握し、そのボトルネックを明らかにすることで、品質のバラつきの無い安定したサービス提供が実現できます。

顧客に提供される付加価値を維持・向上する形で、無駄な作業時間・工程を削減することは、コストの低減に直結し、費用対効果の改善を通じて価格競争力に繋がります。また、顧客に直接サービス提供しないバックオフィス（後方で事務や管理業務を行う部門のこと）の効率化は、特に人手不足が深刻な中小サービス業においては、人員配置や従業員の役割見直し等によって、乏しい経営資源の有効活用を可能とします。

より効果的なサービスプロセスの改善として、業務フロー及びサービス提供プロセスを明確化することで可能となる経営状況の把握・分析・伝達を、迅速で的確な経営判断のためにも活用することが有効です。その一方、業務フローやサービス提供プロセスは重要な機密情報にあたることから、社内の情報管理の徹底や個人情報の保護など事業の安定継続のためのリスク管理体制を確保することが求められます。

【経営者の視点】

生産性向上について、上記①～⑧では、「付加価値の向上」について述べてきましたが、従来は、「効率の向上」が議論の中心でした。そのために、従業員の職務分析を行って、無駄な業務を見つけて、その作業を省くことが効率化のメイン活動でした。

このガイドラインの事例も、バックヤードの従業員の作業工程の見直しから作業の改善を行うものでしたが、デジタル・データ化が進み、DX（デジタルトランスフォーメーション）が浸透している現在ならば、経営者としてはむしろ、社内の組織、業務プロセスなどと同時に「効率の向上」を見直すべきとなります。

顧客に直接サービス提供しないバックオフィスに対して、職務分析を行い、定型業務はパート化やデジタル化を図り、他の部署にシフトするか、廃止を考えることも、視野に入れることになります。また、同様の定型業務があるならば、組織改編を行って、一つの部署に業務をまとめて効率化し、全社的な視野で、効率化に努めるべきです。

ただし、サービス提供プロセスの改善であろうと、情報管理や個人情報の保護などのリスク面の懸念がある場合は、経営者としては、ステークホルダーや地域社会に迷惑をかけることになるリスク対策に注力する動きになってきました。

経営者としては、サービス提供プロセスの改善と情報管理や個人情報の保護の両面のバランスを見ていく必要があります。

なお、DXは、経済産業省によると「企業がビジネス環境の激しい変化に対応し、データとデジタル技術を活用して、顧客や社会のニーズを基に、製品やサービス、ビジネスモデルを変革するとともに、業務そのものや、組織、プロセス、企業文化・風土を変革し、競争上の優位性を確立すること。」と述べていますが、経営者としては、部署から企業へ、また企業から地域社会や環境へと視野を広げた効率性や優位性を考慮するべきであり、効率化で捻出できた経営資源（人材など）をDX等で新たに生まれたポストに投入することを検討するべきです。

⑩ IT 利活用（効率化に繋げるための利活用）

【ガイドラインの事例】

- 扱う商品の品数が多い衣類・靴・雑貨等を販売する小売店で、店舗内の全商品に電子タグを装着することで、棚卸し作業を大幅に削減する。また、POS システムとの連動により販売状況を把握し、適正在庫の維持や売値の柔軟な変更を可能にする。

【ガイドラインの方針】

前述（9）によるサービス提供プロセスの改善を図る上で、必要に応じてIT を活用することが有効です。例えば、クラウドと呼ばれる技術を用いたサービスを活用することで、自社で新たな設備を設置するなどの多額の投資をすることなく、社外のIT リソースを低廉なコストで利用することも可能となります。

IT は、サービス提供の効率化に繋げるための業務分析や経営状況の把握に対しても有効なツールとなります。また、ロボット技術等と組み合わせてサービス提供工程の一部を自動化・システム化することで効率的かつ品質のバラつきが無いサービス提供を実現することも期待されます。

効率化をより効果的に実現するには、IT 利活用の効果とあわせて、それに伴うリスクを認識し、それに対する適切な準備と対策を実施することが必要です。特に情報セキュリティの確保については、社外からの不正なアクセスや意図しない情報流出を防ぐ社内体制を整備することが極めて重要です。さらに、社内に蓄積される顧客の個人情報等についての安全管理を図ることも求められています。また、業務効率によって生み出された経営資源を、付加価値の向上のための取組に配分し成果を創出するための方策、例えば新たな取組に向けたアイデアの活用促進の体制構築などが経営者に求められます。

【経営者の視点】

電子タグを装着することで、棚卸し作業の効率化が図れることや、POSシステムとの連動で販売・在庫状況を把握できることについては、確かにIT化の効果的な活用です。このことは、営業部長や仕入部長としては、大きな効果かもしれませんが、経営者としては、企業活動全体を見なければなりませんから、もう少し広い視野でこの効率化や合理化を考えることになります。棚卸しの効率化で空いた人手や、POSの効率化で生まれた増収分を、営業部の中に温存したならば、営業部長がその余力を有効活用するか否かの運用になってしまいます。一昔前ならば、棚卸しの効率化で空いた人手を取引先への訪問件数を増やせばよいとか、POSの効率化で生まれた増収分で非効率先の売上を削減すればよい、などという営業部の中で余力を繰り回すという縦割り的な発想でした。

しかし、最近のデジタル・データ化は、企業のすべてのセクションに浸透し、効率化で生じた余力をいかに使うかは、すべてのセクションを見渡せる経営者の仕事になっています。さらには、その効率化の余力を、他社との連携に使ったり、地域貢献に投入することもあります。その他社や地域も、それぞれデジタル・データ化が進んでおり、自社を乗り越えて連携を組むこともあります。

このように、IT利活用で部門的な効率化を達成することができますが、その効率化が引き金になって、企業全体の効率化に発展し、生産性の向上にも繋がります。さらには、他社との連携や地域社会の効率化にもなります。このことが、DX化の一歩になります。同時に、効率化は生産性の向上になって、付加価値の源泉にもなり、連鎖的に付加価値の増加にもなります。

今後は、デジタル・データ化は一人の労働者や企業の各部署の問題ではなく、企業や地域また国のGDP（国内総生産）の問題まで拡大していくことになると思います。また、誰に、何を、どうやって(どのように)、実行し見直すかを通して、人材育成や仕事の進め方の見直しにもなります。この流れを繰り返すことによって、さらなる生産性の向上に繋がります。以下の「PDCAサイクルを通じた生産性の向上」の図に示す通りです。

PDCA サイクルを通じた生産性の向上

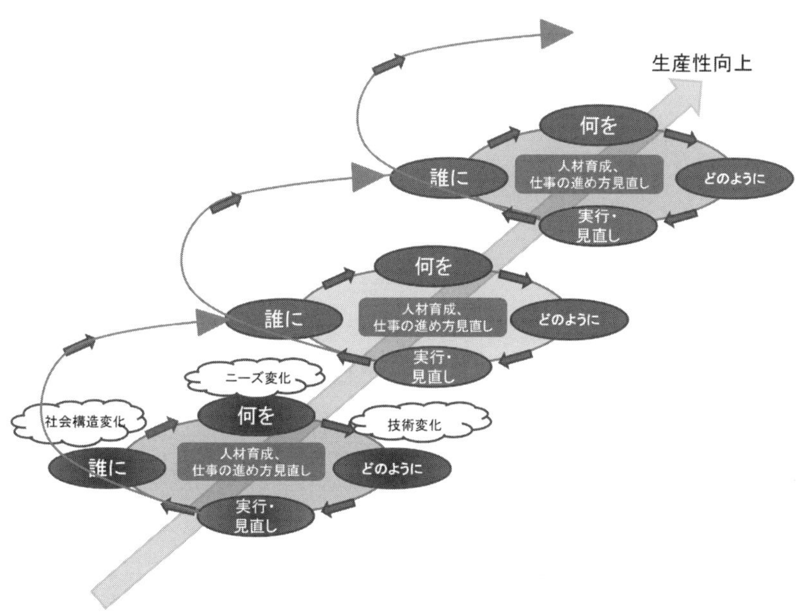

(出典)経済産業省「中小サービス事業者の生産性向上のためのガイドライン」(平成27年1月)

第3部

デジタル・データ化と新ガバナンスシステムによる「企業生産性」の向上

1 デジタルガバナンス・コードを活用した中小企業経営者の企業生産性の向上策

2020年11月に経済産業省から「デジタルガバナンス・コード」が公表され、経営者に対して、企業価値向上に向けて実践すべき事柄を取りまとめました。デジタル技術が広がり、この技術を利活用した生産性向上は大きく上伸するようになり、企業全体の大きな生産性向上になりました。「デジタルガバナンス・コード」で述べられた4本の柱立ては、企業価値向上ばかりではなく、今後重要度が増すDX（デジタルトランスフォーメーション）の実現にも大いに貢献するものです。

この4本の柱立ては、以下の通りであり、さらなる生産性の向上施策に繋がる「デジタルガバナンス・コード」についても、補足説明を加えて、詳しく述べていくことにします。

デジタルガバナンス・コードの柱立て

1.	ビジョン・ビジネスモデル
2.	戦略
2-1.	組織づくり・人材・企業文化に関する方策
2-2.	ITシステム・デジタル技術活用環境の整備に関する方策
3.	成果と重要な成果指標
4.	ガバナンスシステム

この柱立てについては、「ITシステムとデジタル技術によって、デジタルガバナンスのプロセスをステークホルダーに示すべきである」という点

を強調しています。

これをさらに、現実的なイメージで共有していただくために、以下の会社の事例について述べていくことにします。

〈事例〉

当社（以後A社とします）は、多くの工事現場を同時に手掛ける中小の建設業ですが、リーマンショックの混乱で資金繰りが苦しくなり、取引金融機関から信用扱い（担保なし）で融資を何とか受けたいと思いました。そのためには、A社の損益・財務内容・資金繰りの状況を正しく、タイムリーに金融機関に報告しなければなりませんでした。とは言いながら、十数か所の工事現場の進捗状況や立替資金金額を手計算と紙ベースで報告することは難しく、急遽、親しいシステム会社と共同で、スマホによる工事現場の管理システムを開発しました。これは、建設会社が抱える多くの工事現場のすべての活動に対して、財務・資金管理もでき、企業の総合的なキャッシュフローや損益状況も開示できるものでした。まさに「ITシステム・デジタル技術活用」のツールといえるものでした。実践するために、A社内の体制や組織の変革を行うと同時に、社員の意識改革も実施して、このシステムの研修を行いました。また、そのプロセスを経た後に出力されるデジタル資料を、金融機関に説明するためには、金融機関用にデータの取捨選択を通して加工をしなければなりませんでした。A社の経営者は、このようなことは極めて高いハードルのように思いましたが、「案ずるより産むが易し」で、一つひとつ順番にクリアしていきました。

そして、バンクミーティング（複数の金融機関の支店長や担当者を一堂に集め、またはオンライン会議形式で、経営者や顧問税理士などが自社の業績や資金ニーズの説明をする会議）で、金融機関に納得してもらいました。しかし、しばらくの間は1か月ごとに、次に3か月ごとに、このバンクミーティングを開いて、説明することになりました。そのプロセスのなかで、A社は、課題であり高いハードルであった「体制・組織改革、意識改革、従業員研修」を見直しながら、その後のモニタリング体制を検討し、A社の取締役会や情報開示またステークホルダーとの対話の手法まで固めることに成功しました。

この「ITシステム・デジタル技術」を活用したスマホによる経営管理が定着し、バンクミーティングも円滑に進むようになりましたところ、取引金融機関の一つから、多くの金融機関の融資を一括で肩代わる打診がありました。A社としては、永い間の金融機関との取引の歴史を考え種々検討しましたが、多くの金融機関との交渉時間の長さを考えると、やはり本業に集中するために、金融機関との個別の交渉時間の効率化を進めるためにも、この金融機関にすべての融資を肩代わってもらうことを依頼しました。

以後、当社は、この「ITシステム・デジタル技術」を梃子とした経営改善が奏功し、業績・財務内容も健全化し、かつての金融機関交渉の悩みは全く解消しました。また、本業の建設工事の生産性も向上し、お客さまや行政機関（ステークホルダーなど）からの評価も高くなりました。

現在のコロナ禍においても、多くの中小企業が悩んでいるテレワークでも、当社は全社員に浸透することができ、営業活動も含め三密防止も徹底して、「スマホの利活用で、工事現場に直結した財務・資金繰り管理システム」は、他の中小建設会社にも販売することになり、順調な業務活動ができるようになっています。

1．ビジョン・ビジネスモデル

（1）基本的事項

①柱となる考え方

●企業は、ビジネスとITシステムを一体的に捉え、デジタル技術による社会及び競争環境の変化が自社にもたらす影響（リスク・機会）を踏まえた、経営ビジョンの策定及び経営ビジョンの実現に向けたビジネスモデルの設計を行い、価値創造ストーリーとして、ステークホルダーに示していくべきである。

（2）望ましい方向性

- 経営者として世の中のデジタル化が自社の事業に及ぼす影響（機会と脅威）について明確なシナリオを描いている。
- 経営ビジョンの柱の一つにIT/デジタル戦略を掲げている。
- 既存ビジネスモデルの強みと弱みが明確化されており、その強化・改善にIT/デジタル戦略・施策が大きく寄与している。
- 事業リスク・シナリオに則った新しいビジネスモデルの創出をIT/デジタル戦略が支援している。
- IT/デジタルにより、他社と比較して持続的な強みを発揮している。
- 多様な主体がデジタル技術でつながり、データや知恵などを共有することによって、さまざまな形で協創（単なる企業提携・業務提携を超えた生活者視点での価値提供や社会課題の解決に立脚した、今までとは異次元の提携）し、革新的な価値を創造している。

（3）取組例

- デジタル技術による社会及び競争環境の変化が自社にもたらす影響（リスク・機会）を踏まえ、経営方針および経営計画（中期経営計画・統合報告書等）において、DXの推進に向けたビジョンを掲げている。
- DXの推進に向けたビジョンを実現するため、適切なビジネスモデルを設計している。
- ビジネスモデルを実現するために、DX推進においてエコシステム等、企業間連携を主導している。

〈要約〉

従来から、経営ビジョンの策定やビジネスモデルの設計を行い、価値創造ストーリーを示すことは、企業経営の基本でした。そこで、「ビジネスとITシステムの一体化に、デジタル技術を加えて」、ステークホルダーに示すべきです。

経営ビジョンにITシステム・デジタル技術が裏打ちされると、経営の推進力が飛躍的に高まります。

〈A社のケース〉

A社のビジョンは、「顧客のニーズを何でも叶える会社になろう」ということでしたが、「スマホの利活用の工事現場に直結した財務・資金繰り管理システム」の導入で、会社全体の生産性が高まりました。経営者としては、このビジョンについては、種々の経営環境の動きを見ながら再考していますが、このデジタル・データ化においても、特に、変更は必要なしと思っています。このデジタル・データ化により、経営者の意思決定やステークホルダーへの情報開示も強化され、また従業員の相互信頼や仕事へのテンションも上がり、皆が自信をもって仕事ができ、一層、「顧客のニーズを何でも叶えること」ができるようになったようです。

2．戦略

（1）基本的事項

①柱となる考え方

●企業は、社会及び競争環境の変化を踏まえて目指すビジネスモデルを実現するための方策としてデジタル技術を活用する戦略を策定し、ステークホルダーに示していくべきである。

（2）望ましい方向性

- 経営ビジョンを実現できる変革シナリオとして、戦略が構築できている。
- IT/デジタル戦略・施策のポートフォリオにおいて、合理的かつ合目的的な予算配分がなされている。
- データを重要経営資産の一つとして活用している。

（3）取組例

- DXを推進するための戦略が具体化されている。
- 経営戦略において、データとデジタル技術を活用して既存ビジネスの変革を目指す取組（顧客関係やマーケティング、既存の製品やサービス、オペレーション等の変革による満足度向上等）が明示されており、その取組が実施され、効果が出ている。
- 経営戦略において、データとデジタル技術を活用した新規ビジネス創出について明示されており、その取組が実施され、効果が出ている。
- 経営状況や事業の運営状況を把握できる仕組み（システム）があり、そこから得られるデータをふまえて経営・事業の意思決定が実施されている。

〈要約〉

経営ビジョンに沿ったビジネスモデルに対して、「デジタル技術を活用する戦略の策定」が重要であり、経営計画にもデジタル技術をベースにし、ステークホルダーに示すべきです。企業としての経営ビジョンをデジタル・データ化によって、円滑に、事業に具現する戦略にシフトすることがポイントになります。

〈A社のケース〉

経営ビジョン「顧客のニーズを何でも叶える会社になろう」に沿う戦略としては、「特殊な分野・スキルを有する会社であり、ニッチな分野にも対応できる会社になること」であって、「技術熟練度でも他社を圧倒する施工力を目指し、積極的なIT利活用」を身につけることに努める戦略としました。そのために、現状の外部環境や内部環境の各データによって分析を進め、この戦略を経営計画によって実現することにしました。事業の具現化として、マンション建設では、新築とリフォーム分野に分け、土木・造園分野では当社の特許技術を生かした分野とその他分野に分化するなど、戦略や経営計画の達成度が明確になる分野管理を実施しました。また、この経営計画は、金融機関や行政機関に開示して、さらなるレベルアップを図ることにしました。

2－1．組織づくり・人材・企業文化に関する方策

（1）基本的事項

①柱となる考え方

●企業は、デジタル技術を活用する戦略の推進に必要な体制を構築するとともに、組織設計・運営の在り方について、ステークホルダーに示していくべきである。その際、人材の確保・育成や外部組織との関係構築・協業も、重要な要素として捉えるべきである。

(2) 望ましい方向性

- IT/デジタル戦略推進のために各人(経営層から現場まで)が主体的に動けるような役割と権限が規定されている。
- 社外リソースを含め知見・経験・スキル・アイデアを獲得するケイパビリティ(組織能力)を有しており、ケイパビリティを活かしながら、事業化に向かった動きができている。
- 必要とすべきIT/デジタル人材の定義と、その獲得・育成/評価の人事的仕組みが確立されている。
- 人材獲得・育成について、現状のギャップとそれを埋める方策が明確化されている。
- 全社員のIT/デジタル・リテラシ向上の施策が打たれている。
- 組織カルチャーの変革への取組み(雇用の流動性、人材の多様性、意思決定の民主化、失敗を許容する文化など)が行われている。

(3) 取組例

- DXの推進をミッションとする責任者(Chief Digital Officerとしての役割)、CTO(科学技術や研究開発などの統括責任者、Chief Technology Officer)、CIO(ITに関する統括責任者、Chief Information Officer)、データに関する責任者(Chief Data Officer)が、組織上位置付けられ、ミッション・役割を含め明確に定義され任命されている(他の役割との兼任も含む)。
- スキルマトリックス等により、経営層(経営者及び取締役・執行役員等)のデジタルに関係したスキルの項目を作成し、ステークホルダーに向け公表している。
- 経営トップが最新のデジタル技術や新たな活用事例を得ている。
- DXを推進する、組織上位置付けられた専任組織がある。
- DX推進を支える人材として、どのような人材が必要かが明確になっており、確保のための取組を実施している(計画的な育成、中途採用、外部からの出向、事業部門・IT担当部門間の人事異動等)。
- DXの推進にあたり、オープンイノベーション、社外アドバイザー・パートナーの活用、スタートアップ企業との協業など、これまでのIT分野での受発注関係と異なる外部リソースの活用を実施している。
- DX推進のための予算が一定の金額または一定の比率確保されている。それは他のIT予算と別で管理されており、IT予算の増減による影響を受けないようになっている。

- 全社員が、デジタル技術を抵抗なく活用し、自らの業務を変革していくことを支援する仕組み（教育・人事評価制度等）がある。
- DXの推進にあたり、新しい挑戦を促すとともに、継続的に挑戦し、積極的に挑戦していこうとするマインドセット醸成を目指した、活動を支援する制度、仕組みがある。

〈要約〉

ビジネスモデルのデジタル技術の活用では、「必要な体制を構築し、組織設計や運営」についてステークホルダーに示すべきです。「人材確保・育成や外部組織との関係構築・協業」も重要となります（組織と人材）。特に、DXについては、社外リソースを含め組織能力（ケイパビリティ）の活用が重要となります。

〈A社のケース〉

A社は、「技術熟練度でも他社を圧倒する施工力を目指し、積極的なIT利活用」に努めるために、技術者・職人の専門性の特化と、熟練に向けた習得時間が必要になりました。そのために、A社は「①熟練技術者のノウハウを広め教えるための組織の構築、②当社のもう一つの企業理念である『事業を通じて関わる人の幸せを高めること』の実践、③各種資格取得のための援助」を強力に進めることにしています。

実際、A社は、ベトナムの建設大学にゼミを開講し、人材を受け入れ、その受け入れた新入社員は、経営者と人事担当部長が自席の近くに座らせて、直接、職務・人事関連の管理を行っています。また、建設関連の資格については、常に取締役会の議題に挙げて、担当セクションを設け、研修やOJT環境・習得状況の管理を徹底して、取得状況の公表もしています。

2－2. ITシステム・デジタル技術活用環境の整備に関する方策

（1）基本的事項

①柱となる考え方

●企業は、デジタル技術を活用する戦略の推進に必要なITシステム・デジタル技術活用環境の整備に向けたプロジェクトやマネジメント方策、利用する技術・標準・アーキテクチャ、運用、投資計画等を明確化し、ステークホルダーに示していくべきである。

（2）望ましい方向性

- レガシーシステム（技術的負債）の最適化（IT負債に限らず、包括的な負債の最適化）が実現できている。
- 先進テクノロジの導入と独自の検証を行う仕組みが確立されている。
- 担当者の属人的な努力だけではなく、デベロッパー・エクスペリエンス（開発者体験）の向上やガバナンスの結果としてITシステム・デジタル技術活用環境が実現できている。

（3）取組例

- ビジネス環境の変化に迅速に対応できるよう、既存の情報システムおよびデータが、新たに導入する最新デジタル技術とスムーズかつ短期間に連携できるとともに、既存データを活用できるようになっている。
- 全社の情報システムが戦略実現の足かせとならないように、定期的にビジネス環境や利用状況をふまえ、情報資産の現状を分析・評価し、課題を把握できている。
- 上記で実施した分析・評価の結果を受け、技術的負債（レガシーシステム）が発生しないよう、必要な対策を実施できている。またそれを実施するための体制（組織や役割分担）を整えている。
- 情報システムの全社最適を目指し、全社のデータ整合性を確保するとともに、事業部単位での個別最適による複雑化・ブラックボックス化を回避するための仕組みがある。

〈要約〉

ITシステム・デジタル技術活用環境に向け、「技術・標準・アーキテクチャ、運用、投資計画等」を明確にし、ステークホルダーに示すべきです。特に、レガシーシステム（技術的負債）と全体・個別のシステムの調整・最適化には、注力するべきと思います。

〈A社のケース〉

A社のような建設業は、請負型であり、工事規模が大きくなるとどうしても資金繰りの問題が生じます。受注案件の工事原価に含める「支払い・入金・利益」のリアルタイムの管理や「資金繰り日割り管理」も求められます。特に、金融機関は、年商・月商に対して工事立替金額が大きくなると、工事内容の情報開示を強く求めます。従来の経理管理システムの多くは損益ベースで構築されていますが、金融機関は1年以内の短期間の融資については、キャッシュ・収支ベースの報告を要求します。そこで、損益ベースのシステムがレガシーシステム（技術的負債）となって、通用しないこともあります。

また、「ITシステム・デジタル技術」のスマホ管理などを導入したとしても、そこから上がる「個々の工事現場の受注工事台帳や受注工事収益の現状と予測を、本部や財務部などで一括管理やモニタリング管理が実践されていない」場合は、経営管理上、部分最適ができていたとしても全体最適になっておらず、不十分な結果になることもあります。

3. 成果と重要な成果指標

(1) 基本的事項

①柱となる考え方

●企業は、デジタル技術を活用する戦略の達成度を測る指標を定め、ステークホルダーに対し、指標に基づく成果についての自己評価を示すべきである。

(2) 望ましい方向性

- IT/デジタル戦略・施策の達成度がビジネスのKPIをもって評価されている。またそのKPIには目標値設定がされている。
- 上記KPIが最終的に財務成果(KGI)へ帰着するストーリーが明快である。
- 実際に、財務成果をあげている。
- IT/デジタル戦略等により、ESG/SDGsに関する取組を行うとともに、成果を上げている。

(3) 取組例

- 実施している取組について、すべての取組にKPIを設定し、KGI(最終財務成果指標)と連携させている。
- 企業価値向上に関係するKPIについて、ステークホルダーに開示している。
- デジタル時代に適応した企業変革が実現できているかについて、指標(定量・定性)を定め、評価している。

〈要約〉

デジタル技術を活用し、「戦略の達成度を測る指標」を定め、「成果についての自己評価」をステークホルダーに示すべきです。これは、最近の流行語である「モニタリング」の実践を指標で行うことで、その指標のKPIやKGIは、計画と整合性があるものです。

〈A社のケース〉

戦略や経営計画の目標に対しては、KPIやKGI（＊）で達成度を評価することが望ましいとされていますが、A社の場合は、個別工事ごとの収益の見える化を行い、その収益に対する創意工夫の定性評価を行っています。また、その評価を業績面と人事面の査定にも使っています。将来的には、その一部をKPIやKGIを定量値で表すように、目下、検討しています。

また、デジタル・データ化の利活用の状況把握についても、定性の評価査定を徹底していますが、これからは、他の分野においても定量評価にシフトすることの検討をしています。戦略や経営計画、特に全体計画と整合性のある部署計画においても、同様な評価ができることを目指しています。

（＊）KPIは、Key Performance Indicatorの略語で、「重要業績評価指標」「重要達成度指標」「重要成果指標」のことであり、KGIはKey Goal Indicatorの略で、「重要目標達成指標」「経営目標達成指標」と訳されています。

4．ガバナンスシステム

（1）基本的事項

①柱となる考え方

- 経営者は、デジタル技術を活用する戦略の実施に当たり、ステークホルダーへの情報発信を含め、リーダーシップを発揮するべきである。
- 経営者は、事業部門（担当）やITシステム部門（担当）等とも協力し、デジタル技術に係る動向や自社のITシステムの現状を踏まえた課題を把握・分析し、戦略の見直しに反映していくべきである。また、経営者は、事業実施の前提となるサイバーセキュリティリスク等に対しても適切に対応を行うべきである。

[取締役会設置会社の場合]

●取締役会は、経営ビジョンやデジタル技術を活用する戦略の方向性等を示すにあたり、その役割・責務を適切に果たし、また、これらの実現に向けた経営者の取組を適切に監督するべきである。

（2）望ましい方向性

- 経営者が自身の言葉でそのビジョンの実現を社内外のステークホルダーに発信し、コミットしている。
- 経営・事業レベルの戦略の進捗・成果把握が即座に行える。
- 戦略変更・調整が生じた際、必要に応じて、IT/デジタル戦略・施策の軌道修正が即座に実行されている。
- 企業レベルのリスク管理と整合したIT/デジタル・セキュリティ対策、個人情報保護対策やシステム障害対策を組織・規範・技術など全方位的に打っている。

（3）取組例

- 企業価値向上のためのDX推進について、経営トップが経営方針・経営計画やメディア等でメッセージを発信している。
- 経営トップとDX推進部署の責任者（CDO・CTO・CIO・CDXO等）が定期的にコミュニケーションを取っている。
- 経営トップが事業部門やITシステム部門等と協力しながら、デジタル技術に係る動向や自社のITシステムの現状を踏まえた課題を把握・分析し、戦略の見直しに反映している。
- 企業価値向上のためのDX推進に関して、取締役会・経営会議で報告・議論されている。
- 経営者がサイバーセキュリティリスクを経営リスクの1つとして認識し、CISO等の責任者を任命するなど管理体制を構築するとともに、サイバーセキュリティ対策のためのリソース（予算、人材）を確保している。
- サイバーセキュリティリスクとして守るべき情報を特定し、リスクに対応するための計画（システム的・人的）を策定するとともに、防御のための仕組み・体制を構築している。

- サイバーセキュリティリスクに対応できる体制の構築に向けた取組として、情報処理安全確保支援士（登録セキスペ、登録情報セキュリティスペシャリスト）の取得を会社として奨励している。
- サイバーセキュリティを経営リスクの一つと捉え、その取組を前提としたリスクの性質・度合いに応じて、サイバーセキュリティ報告書、CSR報告書、サステナビリティレポートや有価証券報告書等への記載を通じて開示を行っている。

〈要約〉

経営者は戦略の実施に当たり、「ステークホルダーへの情報発信とリーダーシップを発揮」また「デジタル技術・ITシステムの課題を把握・分析」し、戦略の見直しに反映させるべきです。「サイバーセキュリティリスク」等にも対応することが求められます。特に、取締役会の機能を発揮するために、戦略の決定・成果把握と軌道修正を励行します。デジタル・セキュリティ対策、個人情報保護、システム障害対策には、注力することにしていきます。

〈A社のケース〉

A社は、前社長の会長と現在の社長の役割分担が明確になっており、全社員にも周知しています。会長は調整機能を発揮し、社長は、ITを習得し、内部組織の権限は明確にしており、同時に、ITによる計数管理は自ら日々行っています。取締役会は、会長、社長、営業部長、工事部長、総務部長と新設のシステム管理部長、それに金融機関OBの監査役の7人で、月1回行っています。各部長はパソコンから各部の計数を抜き出して、前期・前年比と目標比また同業他社比の目立った差異報告をし、案件の決議を行い、大きな課題の協議をしています。もしも議論が長引く場合は、次回の協議事項にシフトを原則とし、時間の節約を行っています。即断即決が必要な場合は、必ずモニタリング報告をすることになっています。

また、「スマホ利活用の工事現場の財務・資金繰り管理システム」の毎日の報告書は、抜粋して役員全員に回覧しており、システム管理部長からは、「デジタル技術・ITシステムの課題の把握・分析」と「サイバーセキュリティリスク」の報告書が取締役会前に全員に配布され、社長とは質疑をしてからポイントを報告しています。

人事面と教育面については、総務部長から必ず毎回報告をすることになっています。取締役会の議事録は、総務部次長がまとめて、役員回覧後に、取引の金融機関に情報開示しています。これ以外に、営業部、工事部、総務部とシステム管理部の各部内会議には、社長が原則参加し、内部統制面のチェックとコメントを行うことになっていますが、最近では、オンライン会議が多くなっています。

2 中小企業経営者のための デジタル・データ化による 企業生産性向上スキルの養成

企業生産性について、事例を使って、デジタルガバナンス・コードの「ビジョン・ビジネスモデル」「戦略」「成果と重要な成果指標（モニタリング）」「ガバナンスシステム」について概観してきましたが、ここでは、この企業生産性をビジョンなどに焦点を当ててさらに深掘りしていくことにします。

1 経営ビジョン（理念）の策定

一般に65歳以上の高齢の経営者は、商工会・商工会議所、ロータリークラブ・ライオンズクラブ、また業界団体との結びつきが強く、それらのメンバーからの刺激で社長学や経営者心得などを学んでいました。また、メイン銀行の支店長との対話のなかから、業務の意思決定やフォローまた内部管理手法などを習得していました。しかし、2000年以降については、これらの組織の多くは、機能が弱くなり、経営のアドバイスを行うメイン銀行も、その役割が低下してしまいました。また、多くの中小企業の経営者も年齢を重ね、高齢になって、リスクを取ってまで企業の成長に情熱を注ぐことも少なくなっています。

現在では、インターネット・SNS等で外部情報や内部情報が飛び交い、社内には正規・非正規の社員が混在しており、そのうえに、コロナ禍で勤務状況も複雑化し、三密防止、テレワークが常態化しています。終身雇用や年功序列をベースにし、イエ社会と家長制を引き継いだワンマン的な中小企業の経営体質も、改善しなければならなくなっています。そのためには、前記の「デジタルガバナンス・コード」で述べられた「経営ビジョン（理念）の策定やビジネスモデルの設計」が必要になり、「価値創造ストーリー」を示すことで、企業メンバー全員に納得のいく経営を徹底することが欠かせないと思います。

とりわけ、「経営ビジョン」については、デジタル・データ化が進行して、ステークホルダーの情報も入手しやすく、行政情報もそれぞれのホームページから自由に確保できるようになると、多くの情報を分析した後に、自社の沿革や過去の経営者の考え方などを斟酌しながら策定することができます。今までならば、前例に沿って内部事情を考えてわかりやすく簡単な言葉で作成する「経営ビジョン」が通用したものでしたが、これからは、もっとワイドでロングの視点で策定していくものに変わっていくと思います。

そこで、全世界で合意形成されている「SDGs」の考え方や、一般的になった「経営学理論」、また、中央の行政機関が運用・監督している「地域情報」などを、経営者は十分に理解・検討したうえで、それらと整合性のある経営ビジョンを作成する必要があります。この「SDGs」「経営学理論（フレームワーク）」「地域情報」については、これから俯瞰していくことにします。

2 SDGs、経営学フレームワーク、地域情報と経営ビジョン作成のポイント

(1) SDGs(Sustainable Development Goals：持続可能な開発目標)とは

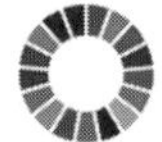

JAPAN SDGs Action Platform

このプラットフォームは，社会に広がるSDGsに関連した取組を幅広く紹介することを目的に運営しています

SDGsとは？　日本政府の取組　取組事例　ジャパンSDGsアワード

SDGsとは？

持続可能な開発目標ＳＤＧｓ(エス・ディー・ジーズ)とは

持続可能な開発目標（SDGs）とは，2001年に策定されたミレニアム開発目標（MDGs）の後継として，2015年9月の国連サミットで採択された「持続可能な開発のための2030アジェンダ」にて記載された2030年までに持続可能でよりよい世界を目指す国際目標です。17のゴール・169のターゲットから構成され，地球上の「誰一人取り残さない（leave no one behind）」ことを誓っています。 SDGsは発展途上国のみならず，先進国自身が取り組むユニバーサル（普遍的）なものであり，日本としても積極的に取り組んでいます。

日本政府の取組

持続可能な開発目標（SDGs）推進本部

2015年にSDGsが採択された後，その実施に向け政府はまず国内の基盤整備に取り組みました。2016年5月に総理大臣を本部長，官房長官，外務大臣を副本部長とし，全閣僚を構成員とする「SDGs推進本部」を設置し，国内実施と国際協力の両面で率先して取り組む体制を整えました。さらに，この本部の下で，行政，民間セクター，NGO・NPO，有識者，国際機関，各種団体等を含む幅広いステークホルダーによって構成される「SDGs推進円卓会議」における対話を経て，同年12月，今後の日本の取組の指針となる「SDGs実施指針」を決定しました。

中小企業経営者も、このSDGsの17の目標を習得する必要がありますが、それには、まず、全体の目標を俯瞰して、次に、各目標を深く掘り下げる方法によって、自分の中にその原理・原則（プリンシプル）を浸透させることをお勧めします。運転免許を取るときは、いろいろなルールを覚え多くの情報を習得しますが、実際に運転する場合は、そのようなルールや情報は意識しなくとも、「自分や他人の安全·安心を守る」という運転の原理原則（プリンシプル）に沿って、種々の判断や行動をとることになると思います。SDGsについても、17の目標だけを読んだ場合は、お経におけるお題目のように感じられるかもしれません。しかし、その17の目標と同様に公表されている「ターゲット」「インディケーター」を通読して、そのことを意識しながら経営の意思決定や判断また行動を積んでいくうちに、このSDGsのプリンシプルが経営の底流に流れるプリンシプルと重なることを実感してくると思います。SDGsの一つひとつの目標を順番に身につけようとしても、「木を見て森を見ず」で、ストレスが溜まるかもしれませんが、17の目標を俯瞰していくことで、SDGsのプリンシプルが理解でき、自社の経営理念のイメージが浮かんでくるものと思われます（詳しくは142 ～ 145ページ参照）。

（2）「経営学理論（フレームワーク）」と経営ビジョンの作成のポイント

①SWOT分析

中小企業経営者として、企業の持続的成長と安定した資産形成を目指すためには、経営学フレークワークを参考にしながら、企業の将来を展望した経営ビジョンを作成することが重要です。

まずは、SWOT分析を検討の叩き台にすることをお勧めします。経営学のフレームワークはかなりの数がありますが、ほとんどの経営者が理解しているものが、このSWOT分析です。これは、会社の特徴を強みと弱み、そして、機会と脅威に分けて、強みを伸ばし弱みを是正して、今後の企業の活動方針を決定するということです。経営者は、会社の内容・特徴を整理したいとか、自分の考えを確かめたいと思う時は、意識するしないは別としても、このSWOT分析のプロセスをたどるものです。

SWOT分析とは、強み（Strength)、弱み（Weakness)、機会（Opportunity)、脅威（Threat）の4つの視点から企業を取り巻くいろいろな要因を分類します。会社外で、自分たちの力では何も変えられないこと、すなわち売上アップや手数料の増加などが外部環境要因であり、自分たちの努力で変えられること、すなわち費用削減、店舗の削減などが、内部環境要因と言われています。

外部環境では、マクロ環境や競合他社、顧客・取引先、新規参入業者、供給業者等の状況を分析し、今後の事業活動においてのプラス要因（機会)・マイナス要因（脅威）を把握します。内部環境では、自社の強み（競争優位性)・弱み（経営課題）を認識します。

ただし、機会と脅威、強みと弱みは表裏一体であり、特に外部環境における脅威は自社の強みにより機会となりえますし、機会は弱みによって脅威にもなりえる点は気をつけないといけません。逆もまた然りです。SWOT分析において「経営ビジョン」を検討する時は、上記の点に留意しつつ、経営者自身が納得する「経営ビジョン」を何度も練り直すことが大切です。そして、経営戦略や経営課題に落とし込んで、何回も検討を重ねなければなりません。

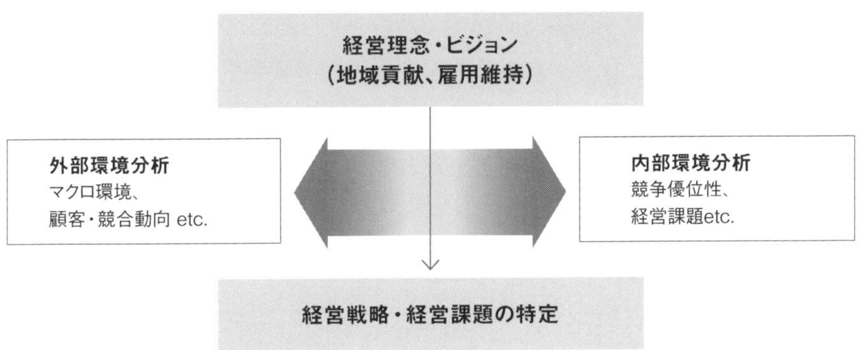

②マクロ環境分析（PEST分析）

企業の外部環境を分析するうえで欠かせないのは、マクロ環境分析と事業構造分析です。マクロ環境分析は、企業を取り巻く政治・経済・社会・技術等における今後の変化を予測し、売上予想に欠かせない情報になります。自社の置かれているマクロ環境を把握するための「PEST分析」があります。

事業構造分析は、その企業に関係する顧客・競合・供給業者・代替品・参入障壁等の経営環境・事業環境を分析し、売上ばかりではなく費用予想にも重要な情報となります。業界ごとに競争環境の規定要因を探るための「ファイブフォース分析」では、自社の置かれている市場環境・競争環境を見つめ直し、事業を選択と集中で峻別して、種々のデータを活用します。

外部環境分析により企業や、その中の事業に対する市場のニーズが明らかになり、売上・費用の予想や収益環境また将来キャッシュフローの見通しになります。この外部環境分析によって、販売方針や生産方針が固まることによって、企業資産のスクラップアンドビルドの方針や、在庫・設備投資の方針も影響してきます。

マクロ環境分析は、政治・経済・社会・技術革新等、その企業を取り巻く要因が今後どのように変化するかを予測するためのものです。例えば、近年のIT技術等の進展により、消費者のライフスタイルが大きく変化し、過去の成功体験が通用しなくなることや、この業界の規制緩和によって、新規参入が可能になって、業界の既存業者は競争が激化したということなどです。これらのマクロ環境の分析を怠ると将来の環境変化により計画自体が大きな方向転換を迫られる可能性があります。PESTの主な切り口は、政治的要因(Politics)、経済的要因(Economics)、社会的要因(Social)、技術的要因(Technology)です。その頭文字をとってPEST分析と呼ばれています。

PEST分析の主な切り口

4つの要因	キーワード
政治的要因 (Politics)	• 法規制—規制緩和、規制強化、金融緩和 • 税制—税制改革 • 貿易—貿易不均衡、WTO、FTA、保護貿易 • 公共投資—地域配分 • 改正労働者派遣法—正規・非正規社員、人材派遣 • 裁判—裁判員制度
経済的要因 (Economics)	• 景気—景気悪化、世界金融危機、経営環境悪化 • 企業—雇用調整・創出、設備・人員の余剰感 • 物価—デフレ、インフレ、消費者物価指数 • 金利—金利政策、量的緩和、ゼロ金利政策 • 為替—為替レート、円高、円安 • 株価—日経平均株価動向、NYダウ動向 • マクロ経済動向、ミクロ経済動向
社会的要因 (Social)	• 社会—格差社会 • 労働—就業形態の多様化、ワークシェアリング • 教育—教育格差、ゆとり教育の見直し • 健康—健康志向食品、長寿国日本 • 流行—ヒット商品、携帯電話、ゲーム機 • 環境—地球温暖化、環境問題、CO2排出量取引
技術的要因 (Technology)	• 技術革新(イノベーション) • インターネット、ネット通販 • コンピューター • 半導体、液晶 • 医療、生化学—ips細胞、DNAチップ • 資源—レアメタル、次世代資源

③ファイブフォース分析

業界の事業構造を分析するフレームワークが、ファイブフォース分析です。この分析は、業界を取り巻く関係者を包括的に分析し、その業界の収益性や業界の魅力度、将来性等を考察するためのツールです。分析にあたり、「企業再生への経営改善計画」の作成対象企業の内容を思い浮かべながら参入障壁の高低、代替品（サービス）の存在や脅威、業界内の競争の激しさ、供給業者の交渉力の強弱、顧客（買い手）の交渉力の強弱の5つの観点から分析を行います。マクロ環境分析と合わせて、企業を取り巻く環境を分析することは、計画の売上・費用の予想や異常値の発見にも役立ちます。

ファイブフォース分析

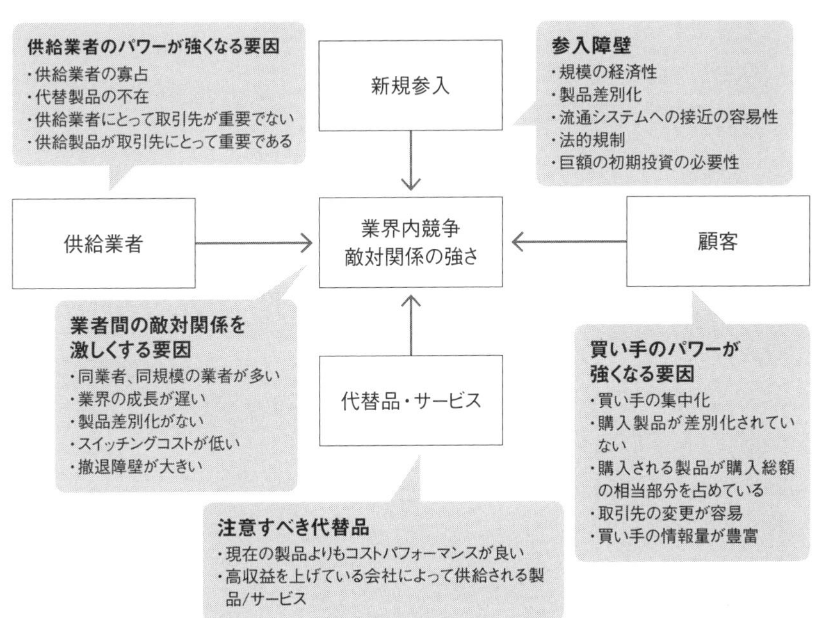

企業の製造現場・販売現場また製品や商品の内容をイメージしながら、これらの5つの項目の分析を行うことが重要です。そして、売上の増加が最も見込まれる項目に対して、さらなる販売の工夫などを加え、売上予想に反映することが大切です。

④バリューチェーン分析

内部環境分析は、企業の強み（競争優位性）、弱み（経営課題）を明らかにします。計画の実現可能性を高めるためにも、「バリューチェーン分析」を行い、多面的に企業を分析し、問題点の核心や問題解決の優先順位を明確にすることができます。

分析において単に定量面の調査では不十分で、技術力や営業・マーケティング力、経営陣の意思統一、従業員のモチベーション水準等の定性面の分析をする必要があります。

内部環境は、経営者がコントロールできる部分が多いもので、内部環境を冷静に把握することができれば、費用面の正確な予想ができ、それだけ計画の実現可能性が高まり、将来キャッシュフローも見えてくることになります。

この分析は、その企業が提供する製品・サービスの川上（企画開発・購買等）から川下（販売・アフターサービス等）までのどこで付加価値または競争優位性を生み出しているかを分析するものです。付加価値こそ、売上増加や利益増加の源泉です。企業活動を9つの価値創造活動に切り分け、5つの主活動（購買物流、製造、出荷物流、販売・マーケティング、サービス）と4つの支援活動（全般管理、人事・労務管理、技術開発、調達活動）に分解します。

事業は、経済・社会環境等のマクロ環境や顧客、競合、供給業者等の外部環境、人・物・金・情報等の経営資源、また多様な活動から影響を受けます。そのため、事業を細分化することによって、それぞれどこに強み・

弱み等が存在するのかを分析することができるのです。

バリューチェーン分析

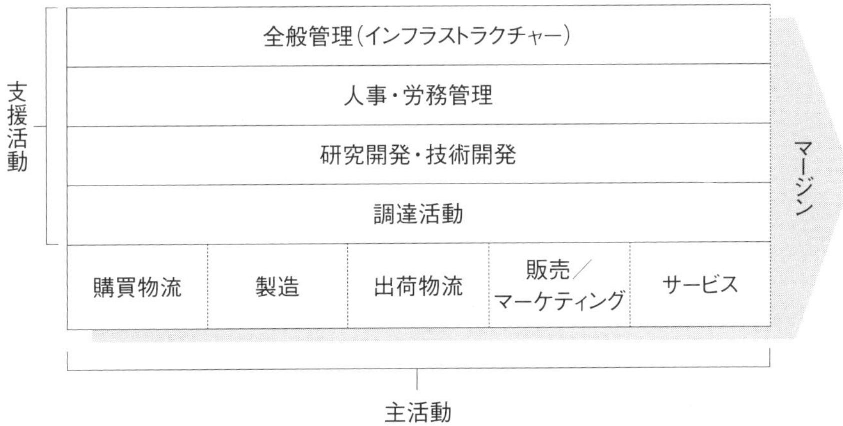

経営ビジョンを作成するときは、SWOT分析・外部環境分析（PEST分析、ファイブフォース分析)・内部環境分析（バリューチェーン分析）などの経営学理論（経営学フレームワーク）によって、自社の内容を客観的に把握することが欠かせません。この経営学理論（フレームワーク）は、経営学者の先人たちによって公表され、自社の内容を分析することで将来の自社の姿もより明確に描くことができるようになりますので、長期的な企業目標ともいえる経営ビジョン策定には必須と言えます。

(3)「地域情報」と経営ビジョンの作成のポイント

多くの企業で、SDGsや地方創生それにDXが喫緊の経営課題になり、経営理念も株主や経営者を中心にしたものでは通用しなくなっています。まさに、「ステークホルダー資本主義（経営者・株主から利害関係人志向の資本主義)」というダボス会議（世界経済フォーラム年次総会）のテーマが注目され、企業から地域・国家・地球へと視野を拡大するようになりました。上場企業に対しての経営指針である「コーポレートガバナンス・コード」もステークホルダー向けに改訂され、2020年11月公表の「デジタルガバナンス・コード」も、ステークホルダーへと経営の視野の拡大を唱えています。

このステークホルダーとは、従業員・取引先・仕入先・株主・地域社会などと企業の周囲の利害関係人のことでしたが、ここでは地域社会の情報がないために、予測の世界をなかなか脱出できませんでした。銀行においても、全国情報や業界情報については、本部の調査部や各部の総括グループが把握して支店に送ってくれますが、支店周辺の情報は、メンバーがそれぞれ体感で把握することが多く、しっかりしたデータベースがないために、支店の地域戦略がおざなりになっていることが多々ありました。同様に、中小企業にとっては、全国展開をしている大企業や上場企業と違って、従業員・取引先・仕入先・株主などは地域社会のステークホルダーで構成されていますから、この地域社会の客観的な情報は企業経営には欠かせないものになっています。

しかし、この情報が後段で述べる「RESAS（地域経済分析システム）」「経済センサス」「まち・ひと・しごと創生総合戦略」では、行政機関が根拠のあるデータを大量に開示してくれています。また、そのうえに、これらのデータ加工は簡単にできるようになっています。中小企業の経営者も、自社のステークホルダーの情報を客観的に捉えながら、経営ビジョンや経営理念・社是を策定することができるようになっています。実際に、自社のステークホルダーと接するときには、世間常識や自分の経験では考えられないようなケースに遭遇することもありますが、そのような時は、柔軟な発想で地域データを冷静に見ることで、良いイメージが生まれ、的確な経営ビジョンを策定することもあります。

①企業周辺情報としてのRESAS（地域経済分析システム）の利活用

経済産業省が旗振り役になって、RESAS（地域経済分析システム）の手法が、中小企業にも金融機関にも、定着しています。これは、地域経済に関わるさまざまなビッグデータ（企業間取引、人の流れ、人口動態、等）を収集し、わかりやすく「見える化（可視化）」したシステムです。

（参考）https://resas.go.jp/

RESASは、地域の産業、地域経済循環、農林水産業、観光、人口、消費、自治体間比較などを行うこともできます。これらの項目の比較を行うことで、自社の地域との関わりや影響を浮き彫りにすることもできます。また、地域の行政機関も金融機関も、地域情報を客観的に把握するために、このRESASを既に活用しています。

例えば、地域企業の特許の申請状況を見る場合は、以下のような手順を踏みます。

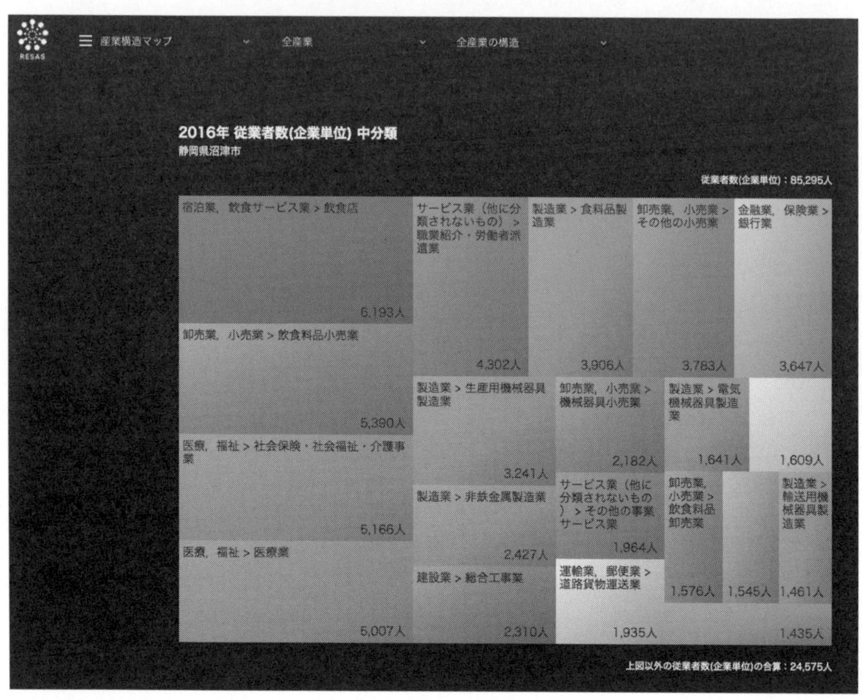

各地域の特許一覧表は、「RESAS画面の企業活動マップ→研究開発→特許分布図→地域ごとの分布をみる→データをダウンロード→静岡県・沼津市」の操作にて、PCの画面に行きつきます（これは、静岡県・沼津市の例示ですが、自社の所在地を選択することをお勧めします）。

16554	赤武エンジニアリング株式会社	静岡県	22203	沼津市	飲料を作る装置	A	生活必需品	A4	個人用品または家庭用品	A47	家具；家庭用品または家庭用設備；コーヒーひき；
16555	株式会社スグロ鉄工	静岡県	22203	沼津市	チル鋳造・ダイキャスト	B	処理操作；運輸	B2	成形	B29	プラスチックの加工；可塑状態の物質の加工一般
16556	国産電機株式会社	静岡県	22203	沼津市	車両の乗手推進、伝動装置	B	処理操作；運輸	B6	運輸	B62	鉄道以外の路面車両
16557	国産電機株式会社	静岡県	22203	沼津市	同期機の永久磁石界磁	H	電気	H0	電気	H02	電力の発電,変換,配電
16558	スーパーメディカルジャパン株式会社	静岡県	22203	沼津市	医薬品製剤	A	生活必需品	A6	健康；人命救助；娯楽	A61	医学または獣医学；衛生学
16559	有限会社勝又製作所	静岡県	22203	沼津市	板・棒・管等の曲げ	B	処理操作；運輸	B2	成形	B21	本質的には材料の除去が行なわれない機械的金属
16560	国産電機株式会社	静岡県	22203	沼津市	プリント配線間の電気接続のため	H	電気	H0	電気	H05	他に分類されない電気技術
16561	東静電子制御株式会社	静岡県	22203	沼津市	体外人工臓器	A	生活必需品	A6	健康；人命救助；娯楽	A61	医学または獣医学；衛生学
16562	有限会社山本紙工	静岡県	22203	沼津市	積層体(2)	B	処理操作；運輸	B2	成形	B32	積層体
16563	株式会社燃焼合成	静岡県	22203	沼津市	硫黄、窒素等及びそれらの化合物；	C	化学；冶金	C0	化学	C01	無機化学
16564	株式会社トーヨーアサノ	静岡県	22203	沼津市	トンネルの覆工・支保	E	固定構造物	E2	地中もしくは岩石の削孔；採鉱	E21	地中もしくは岩石の削孔；採鉱
16565	株式会社ビデオ・テック	静岡県	22203	沼津市	スタジオ回路	H	電気	H0	電気	H04	電気通信技術
16566	東海ガス圧接株式会社	静岡県	22203	沼津市	圧接、拡散接合	F	機械工学；照明；加熱；武器；爆破	F2	照明；加熱	F23	燃焼装置；燃焼方法

このように、上記の検索手法を活用すれば、多くのデータ・図表が入手できます。

検索内容の一覧表は、以下の通りです。

地域経済分析システム（RESAS）マップ一覧【81メニュー】

1．人口マップ
1－1．人口構成
1－2．人口増減
1－3．人口の自然増減
1－4．人口の社会増減
1－5．新卒者就職・進学
1－6．将来人口推計
1－7．人口メッシュ
1－8．将来人口メッシュ

2．地域経済循環マップ
2－1．地域経済循環図
2－2．生産分析
2－3．分配分析
2－4．支出分析
2－5．労働生産性等の動向分析

3．産業構造マップ
<全産業>
3－1－1．全産業の構造（一部※）
3－1－2．稼ぐ力分析
3－1－3．企業数
3－1－4．事業所数
3－1－5．従業者数（事業所単位）
3－1－6．付加価値額（企業単位）
3－1－7．労働生産性（企業単位）
<製造業>
3－2－1．製造業の構造
3－2－2．製造業の比較
3－2－3．製造品出荷額等
<小売・卸売業（消費）>
3－3－1．商業の構造
3－3－2．商業の比較
3－3－3．年間商品販売額
3－3－4．消費の傾向（POSデータ）
3－3－5．From-to分析（POSデータ）
<農業>
3－4－1．農業の構造
3－4－2．農業産出額
3－4－3．農地分析
3－4－4．農業者分析
［参考］．農産物販売金額（2018年3月31日まで公開予定）
<林業>
3－5－1．林業総収入
3－5－2．山林分析
3－5－3．林業者分析
<水産業>
3－6－1．海面漁獲物等販売金額
3－6－2．海面漁船・養殖面積等分析
3－6－3．海面漁業者分析
3－6－4．内水面漁獲物等販売金額
3－6－5．内水面漁船・養殖面積等分析
3－6－6．内水面漁業者分析

4．企業活動マップ
<企業情報>
4－1－1．産業間取引（※）
4－1－2．企業間取引（※）
4－1－3．表彰・補助金採択
4－1－4．創業比率
4－1－5．経営者平均年齢（※）
4－1－6．黒字赤字企業比率
4－1－7．中小・小規模企業財務比較
<海外取引>
4－2－1．海外への企業進出動向
4－2－2．輸出入取引
4－2－3．企業の海外取引額分析
<研究開発>
4－3－1．研究開発費の比較
4－3－2．特許分布図

凡例
赤字 ：2017年12月6日データ更新されたメニュー
（※）：限定メニュー

5．観光マップ
<国内>
5－1－1．目的地分析
5－1－2．From-to分析（宿泊者）
5－1－3．宿泊施設
<外国人>
5－2－1．外国人訪問分析
5－2－2．外国人滞在分析
5－2－3．外国人メッシュ
5－2－4．外国人入出国空港分析
5－2－5．外国人移動相関分析
5－2－6．外国人消費の比較（クレジットカード）
5－2－7．外国人消費の構造（クレジットカード）
5－2－8．外国人消費の比較（免税取引）
5－2－9．外国人消費の構造（免税取引）

6．まちづくりマップ
6－1．From-to分析（滞在人口）
6－2．滞在人口率
6－3．通勤通学人口
6－4．流動人口メッシュ
6－5．事業所立地動向
6－6．施設周辺人口
6－7．不動産取引

7．雇用／医療・福祉マップ
7－1．一人当たり賃金
7－2．有効求人倍率
7－3．求人・求職者
7－4．医療需給
7－5．介護需給

8．地方財政マップ
8－1．自治体財政状況の比較
8－2．一人当たり地方税
8－3．一人当たり市町村民税法人分
8－4．一人当たり固定資産税

3

②企業周辺情報としての経済センサスの利活用

経済センサスは、RESASよりも詳細な地域データ・統計データを一覧できます。特に、地域別に業種別の事務所や従業員数を把握できることから、地域金融機関の各支店の地域密着型の施策にも大いに役立っています。

このデータの活用手法は以下の通りです。地域の同業者や関連企業の情報を正しく把握することができます。

平成26年経済センサス-基礎調査	公開(更新)日
調査の概要等[3件]	2016-4-22
事業所に関する集計[1,671件]	
全国結果[53件]	2016-02-19
+都道府県別結果[1,616件]	
統計表に付帯する情報[2件]	2017-03-02
企業等に関する集計[1,226件]	
全国結果[49件]	2016-02-19
+都道府県別結果[1,175件]	
統計表に付帯する情報[2件]	2017-03-02
町丁・大字別集計[142件]	2016-03-16
調査区別集計結果について[1件]	2016-03-16

データセット一覧

<戻る　一覧形式で表示

政府統計名	経済センサス-基礎調査 詳細
提供統計名	平成26年経済センサス-基礎調査
提供分類1	町丁・大字別集計

表番号	統計表	調査年月	公開（更新）日	表示・ダウンロード
-	京都市同一区内に複数存在する同一町名と通り名の対応表	2014年7月	2016-03-16	EXCEL
1	経営組織（2区分）、産業（中分類）・従業者規模（6区分）別全事業所数及び男女別従業者数－市区町村、町丁・大字			
	01 北海道 - (1) 総数 ～ 61 無店舗小売業	2014年7月	2016-03-16	CSV
	01 北海道 - (2) J 金融業, 保険業 ～ 出向・派遣従業者のみ	2014年7月	2016-03-16	CSV
	02 青森県 - (1) 総数 ～ 61 無店舗小売業	2014年7月	2016-03-16	CSV
	02 青森県 - (2) J 金融業, 保険業 ～ 出向・派遣従業者のみ	2014年7月	2016-03-16	CSV
	03 岩手県 - (1) 総数 ～ 61 無店舗小売業	2014年7月	2016-03-16	CSV

1	平成26年経済センサス-基礎調査　確報集計　町丁・大字別集計									
2						第1表　経営組織(2区分)、産業(中分類)・従業者規模(6区分)別全事業所数及び男女別従業者数—市区町村、町丁・大字				
3										
4						(注) 男女別の不詳を含む。				
5						sanM1.0001	sanM1.0001	sanM1.0001	sanM1.0001	sanM1.0002
6						1	1	1	1	1
7						syu1.0000	syu1.0001	syu1.0002	syu1.0003	syu1.0000
8						0	0	1	1	0
9						A～S 全産業				A～R 全産業(S公務を除く)
10	都道府県	経営組織		市区町村及び町丁・大字		事業所数	従業者数(注)	(従業者数)男	(従業者数)女	事業所数
11	静岡県	総数	22101	静岡市葵区		15177	148692	75939	72689	15108
12	静岡県	総数	22101	一番町	3000003000	65	437	191	246	65
13	静岡県	総数	22101	二番町	26900026900	52	272	170	102	52
14	静岡県	総数	22101	三番町	14200014200	48	214	120	94	48
15	静岡県	総数	22101	四番町	38300038300	26	120	55	65	26
16	静岡県	総数	22101	五番町	12400012400	26	142	66	76	26
17	静岡県	総数	22101	六番町	39000039000	23	62	39	23	23
18	静岡県	総数	22101	七間町	14400014400	237	1697	755	942	237
19	静岡県	総数	22101	七番町	14500014500	13	29	18	11	13

例えば、上記の経済センサス・基礎調査の「町丁・大字別集計」で「静岡市葵区」の「業種別の事業所数と従業員数」を俯瞰することで、自社の採用や販売先・仕入先の情勢を把握でき、将来の自社の活動方針も見えてくるようになります。

③行政機関との連携とデータの利活用

中小企業やその経営者は、一部の例外を除いて、地域に根を下ろしているものです。中小企業は地域密着型企業であり、経営者は地域密着のリーダーと言えます。とは言うものの、中小企業経営者は、自社の経営に忙殺され、なかなか地域連携については見過ごしてしまうようですので、地域連携やその情報を把握することが重要になります。

（ア）国の地方政策

日本の人口減少の現状と将来の姿を示し、今後目指すべき将来の方向を提示する「まち・ひと・しごと創生長期ビジョン」と、数か年後の目標や施策また基本的な方向を提示する「まち・ひと・しごと創生総合戦略」が各地域の行政機関が作成し、実践しています。

長期ビジョン・総合戦略

長期ビジョン

人口問題に対する基本認識　「人口減少時代」の到来

今後の基本的視点

○3つの基本的視点　①「東京一極集中」の是正　②若い世代の就労・結婚・子育ての希望の実現　③地域の特性に即した地域課題の解決
○国民の希望の実現に全力を注ぐことが重要

目指すべき将来の方向　将来にわたって「活力ある日本社会」を維持する

○若い世代の希望が実現すると、出生率は1.8程度に向上する。
○人口減少に歯止めがかかると、2060年に1億人程度の人口が確保される。
○人口構造が「若返る時期」を迎える。
○「人口の安定化」とともに「生産性の向上」が図られると、2050年代に実質GDP成長率は、1.5～2％程度に維持される。

地方創生がもたらす日本社会の姿

◎地方創生が目指す方向

○自らの地域資源を活用した、多様な地域社会の形成を目指す。
○外部との積極的なつながりにより、新たな視点から活性化を図る。
○地方創生が実現すれば、地方が先行して若返る。
○東京圏は、世界に開かれた「国際都市」への発展を目指す。

地方創生は、日本の創生であり、地方と東京圏がそれぞれの強みを活かし、日本全体を引っ張っていく

総合戦略

基本的な考え方

①人口減少と地域経済縮小の克服
②まち・ひと・しごとの創生と好循環の確立

「しごと」が「ひと」を呼び、「ひと」が「しごと」を呼び込む好循環を確立するとともに、その好循環を支える「まち」に活力を取り戻す。

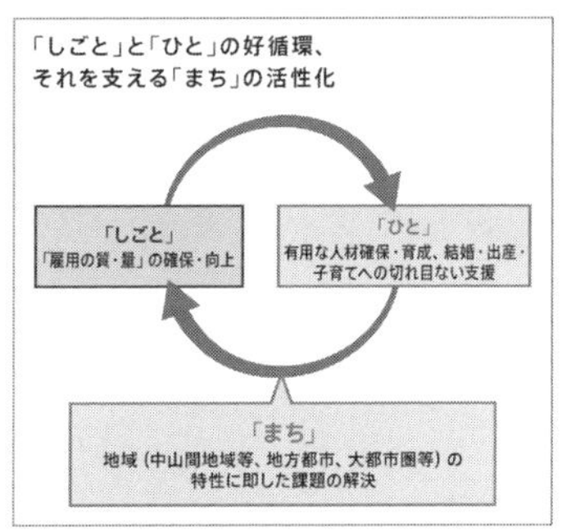

政策の企画・実行に当たっての基本方針

①政策5原則

従来の施策（縦割り、全国一律、バラマキ、表面的、短期的）の検証を踏まえ、政策5原則（自立性、将来性、地域性、直接性、結果重視）に基づき施策展開。

②国と地方の取組体制とPDCAの整備

国と地方公共団体ともに、5か年の戦略を策定・実行する体制を整え、アウトカム指標を原則としたKPIで検証・改善する仕組みを確立。

今後の施策の方向

基本目標① 地方における安定した雇用を創出する
基本目標② 地方への新しいひとの流れをつくる
基本目標③ 若い世代の結婚・出産・子育ての希望をかなえる
基本目標④ 時代に合った地域をつくり、安心な暮らしを守るとともに、地域と地域を連携する

国家戦略特区・社会保障制度・税制・地方財政等

(イ)「まち・ひと・しごと創生総合戦略(総合戦略)」の埼玉県・さいたま市・川越市の抜粋

ここには、埼玉県とさいたま市、川越市の各「まち・ひと・しごと創生総合戦略」の抜粋を掲載しましたが、日本全国のほとんどの県・市のホームページから、このようなデータを、自由に抽出することができます。自社の現状や将来の成長可能性を勘案しながら、それぞれの行政施策の活用・融和を考えることをお勧めします。

埼玉県まち・ひと・しごと創生総合戦略

平成27~31年度

こうした人口の増減や高齢化の状況、地域資源の種類など地域の特徴に応じて、その地域ごとの具体的できめ細やかな戦略を展開していくことが重要である。

そこで県内を地域振興センターの区域に基づいて12の地域に分け、それぞれの地域の特徴を踏まえ、全県的に展開される施策の中で当該地域で重点が置かれるべきと考えられる課題及び施策を整理して示す。

さいたま市まち・ひと・しごと創生総合戦略

平成27年11月

2	多様な人が働ける環境づくりと就労の促進	1	中小企業の競争力強化による雇用創出	①市内中小企業への専門家派遣件数 ② CSR チャレンジ企業認証企業数[再掲]	2,000 件 (5 年間累計) 125 社 (5 年間累計)	2014 年度 332 件 2014 年度 19 社
		2	戦略的企業誘致の推進と産業集積拠点の創出	①誘致企業数	50 件 (5 年間累計)	2014 年度 12 件
		3	広域連携による産業振興	①広域連携事業実施件数 ②物販イベント開催件数	20 件 (5 年間累計) 60 回 (5 年間累計)	2014 年度 7 件 2014 年度 4 件
		4	多様な人の就労の促進	①就職支援事業による支援者数 ②女性の再就職支援による就職者の割合	29,700 人 (5 年間累計) 50%以上	2010 年度~2014 年度の平均値 4,711 人 2014 年度 75%

川越市まち・ひと・しごと創生総合戦略

平成28年1月

4．川越が取り組むこと

戦略	プロジェクト
戦略1～川越でしごとをする 地域の特性を活かし、若者を引きつける働く場をつける	1　しごと　暮らし　川越 2　ものづくり長屋　川越 3　健康食レストラン　川越

3 ビジネスモデルのデジタル技術を活用する戦略・経営計画の策定

ビジネスモデルをより、実効性に近づけることを戦略と言い、戦略を具現化したものを経営計画と位置付けて、「デジタルガバナンス・コード」の「戦略」「成果と重要な成果指標（モニタリング）」の項目を見ていくことにします。経営ビジョンを、SDGs、経営学フレームワーク、地方創生情報の視点で検討し、ステークホルダーの立場で見てきましたが、この戦略については、業界の視点と経営計画の策定の視点で、この内容を俯瞰していくことにします。

1 業界情報の視点

従来、業界情報は、業界団体から発信される情報と自社の営業マン・仕入担当者からの肉声情報によって把握するものでしたが、最近は、中小企業庁から発信される中小企業等経営強化法関連の「事業分野別指針」からの情報や業界の有力機関や団体のホームページが情報源となっています。今までの情報については、恣意性が強く客観性に問題がありましたが、最近の業界情報については、多くの関係者を意識して公表されたもので信頼性も高くなっています。経営者や営業担当の取締役に対して、経営コンサルタントやベテランの銀行員などが、その企業について意見を述べたり質問を行う時には、この業界情報から検討を始めるようです。これは外部情報と内部情報に関係する情報であって、経営者なども発言しやすく興味の大きいところのようです。この業界情報は、企業の競争環境に踏み込んだものであり、経営者の関心も高く、回答や感想などのリアクションも必ずあって、経営者との議論も盛り上がるものです。

〈中小企業等経営強化法関連の「事業分野別指針」〉

この「事業分野別指針」は、経営力向上計画策定のプロセスの参考資料として活用されることを主目的に登場しましたが、各業界の管轄省庁が作成していることから、業界に対する俯瞰性と客観性があるものです。以下の抜粋は、経営力向上計画策定の手引きの第2ページ目の概要における「(3) 制度活用の流れ」ですが、この「事業分野別指針」は2－②③に紹介されています。また、ここに掲載された多くの業界は、「1-2事業分野別指針」に一覧できますが、その「事業分野別指針の概要」には、それぞれの業界が図表に見やすくまとめられています。

1．経営力向上計画の概要

（3）制度活用の流れ

1．制度の利用を検討／事前確認・準備

税制措置を受けたい場合

- 適用対象者の要件（資本金１億円以下など）や手続き等を確認して下さい。
- 設備投資について税制措置を受けるためには、計画申請時に工業会証明書や経産局確認書等が必要です。
- 不動産に係る登録免許税･不動産取得税の軽減については、軽減の対象となる事業承継の条件や手続きについて確認して下さい。

法的支援を受けたい場合

- 承継が認められる許認可の種類その他の特例の条件や、必要な手続きを確認して下さい。

※ 許認可承継の特例を受ける場合、認定までの間に相当程度長い期間を要する場合があります。事前に所管行政庁にご相談ください。

金融支援を受けたい場合

- 適用対象者の要件や手続き等を確認して下さい。
- 金融支援を受けるためには、計画申請前に関係機関にご相談頂く必要があります。

→各支援措置の要件や適用手続きについては、別冊「支援措置活用の手引き」をご確認下さい。

2．経営力向上計画の策定

①「日本標準産業分類」で、該当する事業分野を確認

https://www.e-stat.go.jp/SG1/htoukeib/TopDisp.do?bKind=10

※計画書に記載する必要がありますので、上記サイトで自社の事業分野を検索してご確認ください。

② 事業分野に対応する事業分野別指針を確認

- 「事業分野別指針」が策定されている事業分野（業種）については、当該指針を踏まえて策定いただく必要があります（策定されていない事業分野は「基本方針」）。
- 「事業分野別指針」「基本方針」は以下のURLからダウンロードできます。
  http://www.chusho.meti.go.jp/keiei/kyoka/kihonhoushin.html

③ 事業分野別指針（または基本方針）を踏まえて経営力向上計画の策定（記載方法はP．４～）

3．経営力向上計画の申請・認定

① 各事業分野の主務大臣に計画申請書（必要書類を添付）を提出（申請先はP．９。不動産取得税の軽減措置を受ける場合は都道府県経由での提出。）

② 認定を受けた場合、主務大臣から計画認定書と計画申請書の写しが交付されます。（申請から認定まで約30日かかります（所管する省庁が単一である場合。複数省庁にまたがる場合は約45日）。また、不動産取得税の軽減措置又は許認可承継の特例を利用される場合は、上記の日数に加えて、関係行政機関における評価・判断に日数が必要となります。）

4．経営力向上計画の開始、取組の実行

税制措置・金融支援・法的支援を受け、経営力向上のための取組を実行

1-2.事業分野別指針

- 事業分野別指針の概要(PDF形式:2,205B)(令和2年10月13日)
- 製造業(PDF形式:322B)(令和2年10月13日更新)
- 卸・小売業(PDF形式:301KB)(令和2年10月1日更新)
- 外食・中食(PDF形式:179KB)(令和2年10月1日更新)
- 旅館業(PDF形式:177KB)(令和2年10月1日更新)
- 医療(PDF形式:200KB)(令和2年10月1日更新)
- 保育(PDF形式:152KB)(令和2年10月1日更新)
- 介護(PDF形式:149KB)(令和2年10月1日更新)
- 障害福祉(PDF形式:140KB)(令和2年10月1日更新)
- 貨物自動車運送業(PDF形式:140KB)(令和2年10月1日更新)
- 船舶産業(PDF形式:197KB)(令和2年10月1日更新)
- 自動車整備(PDF形式:147KB)(令和2年10月1日更新)
- 建設業(PDF形式:406KB)(令和2年10月1日更新)
- 有線テレビジョン放送業(PDF形式:227KB)(令和2年10月1日更新)
- 電気通信(PDF形式:249KB)(令和2年10月1日更新)
- 不動産業(PDF形式:203KB)(令和2年10月1日更新)
- 地上基幹放送分野(PDF形式:220KB)(令和2年10月1日更新)
- 石油卸売業・燃料小売業(PDF形式:213KB)(令和2年10月1日更新)
- 旅客自動車運送事業(PDF形式:215KB)(令和2年10月1日更新)
- 職業紹介事業・労働者派遣事業分野(PDF形式:131KB)(令和2年10月1日更新)
- 学習塾業分野(PDF形式:208KB)(令和2年10月1日更新)
- 農業分野(PDF形式:213KB)(令和2年10月1日更新)

業界情報は、掘り下げれば切りがありませんが、行政機関の場合は、多くの業界を扱っていますので、マクロ観を持ちながら各業界の特色を浮き彫りにできるというメリットがあります。自分の業界の話を金融業界などの別の業界の関係者にする場合は、上記の情報で十分であると思います。

ただし、自社の役職員と業界に対して情報の共有や意見交換を交わす場合は、さらに詳しい情報を盛り込むことをお勧めします。

2 戦略の策定

(1)「実質・未来・全体」志向の戦略

1999年にバブル崩壊後の金融機関の不良債権問題解消を狙って、「金融検査マニュアル」が公表されました。数年後には、金融機関の不良債権はほぼ解消されましたが、その時に金融機関は取引先企業に対して、過去の決算書を重視してスコアリングシートを通した「格付け偏重の審査」、すなわち、「形式・過去・部分」的な企業の審査（見方）が浸透してしまいました。このままでは、リーマンショックや東日本大震災で傷んでしまった中小企業への資金投入はできないということで、2019年12月に、金融庁は「検査マニュアル」を廃止し、「実質・未来・全体」の見方の審査に変更することになりました。

この金融検査マニュアルの廃止によって、金融機関が、中小企業の決算書の表面の数値ばかりを見るのではなく、地域における企業の必要性や潜在的な実力を評価して、「実質・未来・全体」の視点で企業の強みを見ることを目論んでいます。各金融機関が、社会環境の多様化に合わせて、企業の融資審査などを柔軟に行うことを求めて実施されました。人口減少、高齢化、都市と地方の格差の拡大、産業構造の変化など経営環境が多様化するなかで、金融サービスの受け手のニーズも、融資取引ばかりではなく、事業承継、M&A、販路開拓、資産運用などに変化してきていますので、この廃止をきっかけに、金融機関が中小企業への支援度を高めることを狙っているのです。

金融機関の見方は、以下のように「実質・未来・全体」へと変化しますが、このことは、中小企業の戦略についても同様な流れになっています。

「形式・過去・部分」から「実質・未来・全体」へ

形式 —担保・保証の有無やルール遵守の証拠作りを必要以上に重視	視野の拡大	**実質** —最低基準(ミニマム・スタンダード)が形式的に守られているかではなく、実質的に良質な金融サービスの提供やリスク管理等ができているか(ベスト・プラクティス)へ
過去 —足元のバランスシートや過去のコンプライアンス違反を重視		**未来** —過去の一時点の健全性の確認ではなく、将来に向けた健全性が確保されているか
部分 —個別の資産査定に集中、問題発生の根本原因の究明や必要な対策の議論を軽視		**全体** —特定の個別問題への対応に集中するのではなく、真に重要な問題への対応ができているか

(出典)平成30年6月「金融検査・監督の考え方と進め方(検査・監督基本方針)」金融庁

金融機関は、融資審査に関して、従来は、担保・保証の有無の「形式」を見ていましたが、今後は、企業や事業の将来性を「実質」として見ていきます。例えば、今までは担保処分金や保証人の代位弁済を融資の返済原資として見ている傾向があったものの、今後は融資に伴うキャッシュフローによる返済財源を十分に検討するようにして、支援を行おうというものです。

また、今までは、「過去」の企業活動の結果である財務諸表の重視や過去のコンプライアンス違反の有無に対し着目してきましたが、今後は、企業の「未来」の業績や計画の達成度を見ていこうというものです。例えば、前期の決算が赤字であろうとも、今後の計画が黒字化となり、または、手元の資金繰りが改善する見通しがあるならば、その未来の動きを重視し、積極的に融資支援を行おうというものです。

さらには、企業格付けで正常先とか破綻懸念先など企業の一面や「部分」を注視してきましたが、これからは、企業「全体」の動きや地域と企業の関わりなど全貌を注意して見ていくようになります。例えば、企業の実態の「一部」である決算書の数値や定量的な比率のスコアリングシートで企業を評価するのではなく、決算書に現れない定性要因やSDGs目標への寄与また地域貢献そしてステークホルダーからの評価など、企業活動の「全体」で企業価値を把握して、積極的に資金支援を行おうということです。

すなわち、この中小企業について、企業の事業性に対する収益力や収支の健全性の「実質」的な実力を重視し、企業の過去の損益や資産内容ではなく、「未来」の動きや経営計画の内容などに力点を置いて見て、部分的な動きよりも企業の全貌をとらえる「全体」像を把握することになりました。特に、販売先や仕入先の当該企業との良好な関係や、従業員の経営者への信頼、地域社会の評判、また、地域貢献やSDGsの目標への意識の高さに評価の目が注がれるようになっています。

同時に、中小企業経営者も、金融機関同様に、「形式・過去・部分」から「実質・未来・全体」への視点で、その経営力を強化することが求められることになります。このことは、企業の経営ビジョンやビジネスモデル、また、企業戦略にも、目が注がれることになります。企業に対する金融機関や融資先・仕入先また従業員、地元の行政機関などのステークホルダーも、当該企業を取り巻く業界・地域の動きをもきちんと把握したうえで、「実質・未来・全体」を見ながら、企業に対する評価を行っていくことになると思われます。

(2)戦略に沿った経営計画策定のプロセス

戦略を実際に具現化するには、経営計画を策定することです。その後に、計画が企業を取り巻く、外部環境や内部環境に適合するかの大まかなチェックをすることが、戦略の検証になります。

さて、実際に経営計画を策定する時は、主に、4つのプロセスを見ていきます。

まずは、第一に将来の予想を行うにあたり、現状の把握が必要になります。自社の現状把握を行うために、直前期の売上・費用の数値固めを実施します。

第二に、今後5年から10年後の売上・費用・利益予想を立てていきます。将来の確実な売上はわかりませんが、過去の傾向から毎月かかる人件費・固定費などの費用は予想できます。将来かかる費用がわかれば、必要となる売上も見えてきます。売上と費用の増減値によって概数を決定します。

第三に、売上と費用の概数値を算出した後に、最終利益と非支出コスト（特に減価償却費）を加算したキャッシュフローを算出して、借入れがあるならば返済予想を、借入れがないならば、手元現金の増加を見ていきます。

最後に、作成した経営改善計画の予実管理（予算と差異の分析・管理）、重要目標達成指標（KGI）、重要業績評価指標（KPI）、ローリングプランの策定（中長期計画の見直し）など、モニタリング体制の整備を見通します。

経営改善計画策定の4つのプロセス

①自社の現状把握	②売上・費用・利益の予想	③返済予想	④モニタリング体制
前年の精査された損益計算（中小企業会計基本要領に準拠・金融機関の資産査定に準拠）	今後5～10年後の売上計画・費用計画（外部・内部環境分析や当該中小企業の強みを加味した予想）	手元現金の増加の見込み。債務償還年数の算出と再生手法の検討、各金融機関交渉を含む複数行調整	作成した計画の予実管理、「重要目標達成指標（KGI）」「重要業績評価指標（KPI）」、ローリングプランなどを作成する体制

(3)外部環境分析

経営ビジョンを固めてから、外部環境分析と内部環境分析を通して、戦略を策定することが王道と言えます。もちろん、経営ビジョンの策定時にも、外部環境分析と内部環境分析を行いますが、戦略策定時には、それぞれの外部環境要因・内部環境要因について、より突っ込んだ検討を行います（117ページの図参照）。

①外部環境要因としてのSDGs

例えば、SDGsの各目標について、経営ビジョン策定時には、俯瞰的に17目標を見るものの、戦略検討時には、それぞれの目標に対して、具体的な事例をイメージし、数的な指標なども勘案して、戦略と実績の関連まで見通します。同時に、自社のステークホルダー（利害関係人）や地域を、持続可能な企業経営そのものとして捉えていきます。

SDGsが単なる貢献活動の一種と考える場合の分断

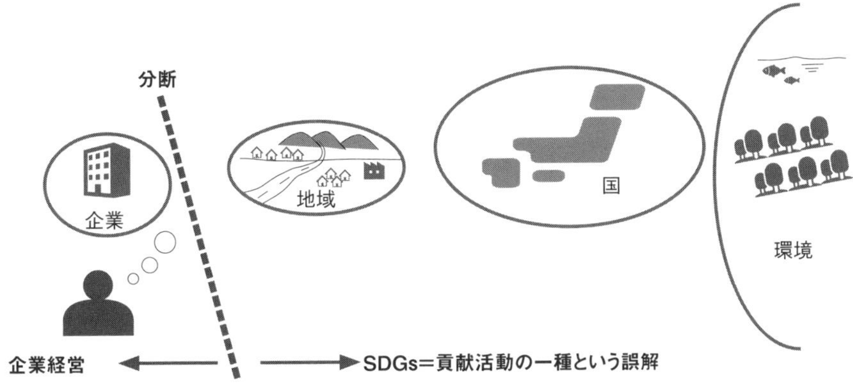

（出典）中村中 他/編『これからの経営改善計画・リスケジュール指導に強くなるコース』（杉山義明作図、ビジネス教育出版社）

SDGsは持続可能な企業経営そのものと捉える場合

（出典）中村中 他/編『これからの経営改善計画・リスケジュール指導に強くなるコース』（杉山義明作図、ビジネス教育出版社）

企業経営は、地域活動であり、国や環境、グローバルな活動であることがビジネス全体として落とし込めているかどうかで、企業経営にSDGsを取り込むことができると考えられます。

このSDGsとは「持続可能な開発目標」と言われているものですが、自社が取り組んでいる商品・サービスのサプライチェーンから落とし込んでいくとさらにわかりやすいものとなります。自社の経営により使い続けている資源があれば、その調達はどこからなのか、各国（もっと近くの地域でも）の規制やルールが変わった場合、それは経営上のリスクではないのか、このように考えると自社の経営の問題として、SDGsを身近に取り組むことができます。

例えば、食料にする魚が生育している池の環境を汚染したり破壊するような材料を知らず知らずに使用しているかもしれません。これらを調べて、どのような生産方法で自社の材料が調達できているか今一度考えるべきでしょう。このような一つひとつの確認を積み重ねながら、SDGsに沿った事業計画を立案することが必要とされています。

資源（材料など）の希少化によりコストも増加している場合は、これらの将来のリスクに対応するため、資源の分散化やその資源を使わない方法をとるか、別の持続的な資源に切り替えるという経営戦略を取ることができます。また、この資源は物理的なものにとどまらず、人的資源や継続的に得ている情報資源などもあります。

このようなストーリーで考えて、資源を持続可能なものに切り替えることは、中小企業も上場企業も、また、株主・経営者・ステークホルダーも同様に大切なことであり、SDGsに関わる投資は今後一層重要になります。

②外部環境分析としてのSDGsとチェックリスト

しかし、未だに、経営実態とSDGsが表裏一体であるとは思えないかもしれません。SDGsの目標や細目である「ターゲット」「インディケーター」が、日本の文化や中小企業において、まだまだ具体的に自分ごととして受け入れられていないということかもしれません。

例えば、SDGsの17の目標（ゴール）のうち、目標1の貧困については、経済格差が広がりつつあると言われるものの、各中小企業がどんな手段を講じるべきかは、難しい課題のようです。目標2の飢餓では、日本国内での飢餓問題は、むしろ貧困問題などの経済的な問題に起因しているようです。このように、一つの中小企業が経営の一部として取り組む場合に、あまり直接的なイメージがつかめないため、地域、環境、経済の課題に取り組みたくても、何をして良いのか自社として具体的に方策を立てられないのが、実情かもしれません。これが、SDGsを現実的・実質的に目指していく障壁になっているのではないでしょうか。

もしも「目標1の貧困」が地域の子ども食堂への支援や、「目標2の飢餓」が少子高齢化の下の農業生産性の引上げ貢献であるというならば、イメージが具体化して、身近なことに考えられるようになるものと思われます。

そこで、SDGsを日本の中小企業が取り組みやすくするために、以下の

SDGsの17目標のチェックリストにおいて、特に、『自社のステークホルダーを持続可能な経営対象と捉える見方』の項目を「個々の目標」の身近で具体的な説明として示してみました。これらの各目標に関するデータ源は、チェックリストの「加点根拠・補足」の欄から検索することもできますので、外部環境分析には役立つものと思います。

ちなみに、外部環境分析の要因としては、このSDGsの目標で、ほぼ網羅されていると思われます。

SDGsの17目標のチェックリスト

目標	目標内容の説明	自社のステークホルダーを持続可能な経営対象と捉える見方	良好	検討	不良	加点根拠・補足
1. 貧困をなくそう	あらゆる場所で、あらゆる形態の貧困に終止符を打つ。	・子ども食堂への種々の支援を行う。 ・母子世帯の就職斡旋を行う。など				(例)厚生労働省「国民生活基礎調査」OECDの所得定義の新基準である相対的貧困率、子どもの貧困率をフォローしている。
2. 飢餓をゼロ	飢餓に終止符を打ち、食料の安定確保と栄養状態の改善を達成するとともに、持続可能な農業を推進する。	・農業就業人口当たりの農業生産額の引き上げに貢献する。 ・農業就業人口当たりの耕地面積を増加させる。など				(例)農業就業人口当たりの農業産出額(農業産出額/農業就業人口)を常にフォローしている。
3. すべての人に健康と福祉を	あらゆる年齢のすべての人々の健康的な生活を確保し、福祉を推進する。	・感染症対応設備設置への協力を行う。 ・感染症検査体制の設備や人材増加に貢献する。 ・交通事故死亡率低下に貢献する。など				(例)地元医療機関への提案型コンサル営業を実施中
4. 質の高い教育をみんなに	すべての人々に包摂的かつ公平で質の高い教育を提供し、生涯学習の機会を促進する。	・ICTスキルを有する若者や成人の割合(スキルのタイプ別)を増加させる。 ・設備等が利用可能な学校の割合を増やす。など				(例)総務省「情報通信白書」などで、生徒1人当たりのコンピューター数をフォローしている。

目標	目標内容の説明	自社のステークホルダーを持続可能な経営対象と捉える見方	良好	検討	不良	加点根拠・補足
5. ジェンダー平等を実現しよう	ジェンダーの平等を達成し、すべての女性と女児のエンパワーメントを図る。	・管理職に占める女性の割合の増加 ・農業所有者または権利者における女性の割合(所有条件別)の増加				(例)内閣府男女共同参画局「第5次男女共同参画基本計画策定にあたっての基本的な考え方(素案)」などで、指導的地位に占める女性の割合を通過点として早期に30%程度を目指す。
6. 安全な水とトイレを世界中に	すべての人に水と衛生へのアクセスと持続可能な管理を確保する。	・安全に管理された飲料水サービスを利用する人口の割合 ・安全に処理された廃水の割合				(例)給水普及率(給水人口/総人口)をフォローしている。
7. エネルギーをみんなに そしてクリーンに	すべての人々に手ごろで信頼でき、持続可能かつ近代的なエネルギーへのアクセスを確保する。	・クリーンな燃料や技術に依存している人口比率を上げる ・最終エネルギー消費量に占める再生可能エネルギー比率のアップ				(例)新エネルギー発電割合(新エネルギー発電量/すべてのエネルギー発電量)をフォローしている。
8. 働きがいも経済成長も	すべての人のための持続的、包摂的かつ持続可能な経済成長、生産的な完全雇用およびディーセント・ワーク(働きがいのある人間らしい仕事)を推進する。	・女性及び男性労働者の平均時給(職業、年齢、障害者別)の引き上げ、 ・就労、就学、及び職業訓練のいずれも行っていない15〜24の若者の割合を引き下げる。 ・テレワークの推進				(例)厚生労働省「賃金構造基本統計調査」で労働者の平均時給(所定内給与額/所定内実労働時間)をフォローしている。
9. 産業と技術革新の基盤をつくろう	強靭なインフラを整備し、包摂的で持続可能な産業化を推進するとともに、技術革新の拡大を図る。	・一人当たり並びにGDPに占める製造業の付加価値の割合を増やす。 ・モバイルネットワークにアクセス可能な人口の割合(技術別)を増やす。				(例)総務省「情報通信白書」で、インターネット普及率などをフォローしている。
10. 人や国の不平等をなくそう	国内および国家間の格差を是正する。	・中位所得の半分未満で生活する人口の割合(年齢、性別、障害者別) ・GDPの労働分配率(賃金と社会保障給付)				(例)経済産業省「企業活動基本調査」の労働生産性(付加価値額/従業員数)をフォローしている。

目標	目標内容の説明	自社のステークホルダーを持続可能な経営対象と捉える見方	良好	検討	不良	加点根拠・補足
11. 住み続けられるまちづくりを	都市と人間の居住地を包摂的、安全、強靭かつ持続可能にする。	・人口増加率と土地利用率の比率 ・都市で生成される廃棄物について、都市部で定期的に回収し適切に最終処理されている固形廃棄物の割合				(例)環境省「廃棄物処理技術情報」の廃棄物の最終処分割合（最終処分量／ごみの総排出量)をフォローしている。
12. つくる責任 つかう責任	持続可能な消費と生産のパターンを確保する	・グローバル食品ロス指数(GFLI) ・各国の再生利用率、リサイクルされた物質のトン数				(例)環境省「廃棄物処理技術情報」で、ごみのリサイクル率をフォローする。
13. 気候変動に具体的な対策を	気候変動とその影響に立ち向かうため、緊急対策を取る	・10 万人当たりの災害による死者数、行方不明者・公民館における環境保全活動の実施数（環境保全活動の実施数／公民館数)、直接的負傷者数				
14. 海の豊かさを守ろう	海洋と海洋資源を持続可能な開発に向けて保全し、持続可能な形で利用する	・漁獲量及び養殖収穫量増減率 ・生物学的に持続可能なレベルの水産資源の割合 ・漁獲量及び養殖収穫量増減率（((漁獲量＋養殖収穫量)－(前年度漁獲量＋前年度養殖収穫量))／総人口)				
15. 陸の豊かさも守ろう	陸上生態系の保護、回復および持続可能な利用の推進、森林の持続可能な管理、砂漠化への対処、土地劣化の阻止および逆転、ならびに生物多様性損失の阻止を図る	・土地全体に対する森林の割合 ・土地全体のうち劣化した土地の割合 ・自然生息地の劣化を抑制し、生物多様性の損失を阻止し、2020年までに絶滅危惧種を保護し、また絶滅防止するための緊急かつ意味のある対策を講じる。				

目標	目標内容の説明	自社のステークホルダーを持続可能な経営対象と捉える見方	良好	検討	不良	加点根拠・補足
16. 平和と公正をすべての人に	持続可能な開発に向けて平和で包摂的な社会を推進し、すべての人に司法へのアクセスを提供するとともに、あらゆるレベルにおいて効果的で責任ある包摂的な制度を構築する	・内外の違法な資金フローの合計額(USドル) ・意思決定が包括的かつ反映されるものであると考えている人の割合(性別、年齢、障害者、人口グループ別)				
17. パートナーシップで目標を達成しよう	持続可能な開発に向けて実施手段を強化し、グローバル・パートナーシップを活性化する	・100 人当たりの固定インターネットブロードバンド契約数(回線速度別)・インターネットを使用している個人の割合				(例)総務省「情報通信白書」の「世帯当たりのインターネットブロードバンド契約率」のフォローを行う。
		小計				

上記の「SDGsの17目標のチェックリスト」については、経営者として、自社やその事業の内容を思い浮かべながら、「良好・検討・不良」の欄にチェックを入れて、年に2〜3回見直すことをお勧めします。その末尾の小計欄において良好件数が増加することが、経営の一つのバロメーターになることでしょう。この作業を何回か続けることで、SDGsのプリンシプルも習得できることになると思われます。

(4)内部環境分析

外部環境分析を行った後は、内部環境分析すなわち自社内部の分析を行います。外部環境とは自社ではコントロール不可能な自社以外の環境を示すのに対して、内部環境とは自らコントロール可能な自社内部の環境を示します。内部環境分析によって自社の現状を明らかにし、ここから自社の強み(競争優位性)、弱み(経営課題)を見つけ出し、外部環境分析で明らかになった機会や脅威に対する対応方法を導き出すために用います。

内部環境分析は2つの視点で行います。

一つは、過去の定量データの分析です。過去の経営の成績表である財務分析（損益計算書、貸借対照表、キャッシュフロー計算書の分析）を行うことで、どのような外部環境や内部環境が過去の経営に影響してきたか、あるいは過去の経営における問題点や課題を数値面から洗い出し、今後どのように向上・改善していくかを把握します。

もう一つは、数値で表せない情報を扱う定性データの分析です。過去の業績に与えた強み（競争優位性）をどのように伸ばし、弱み（経営課題）を克服するかを検討するために行います。これには、「金融検査マニュアル別冊（中小企業融資編）」の事例とその解説を参考にすることが役に立ちます。全27事例（第26事例が削除され最終事例は第28事例となっています）がありますが、どの事例も経営者が見失いがちになる自社の強みや機会を気付かせてくれます。なお、金融検査マニュアルは廃止されたものの、金融庁・各金融機関とも、廃止前の実務は継続されることになっていますので、金融庁のホームページには、「法令・指針等」の項目の中に「金融検査マニュアル関係」として、この別冊も掲載されています。

また、戦略・経営計画を策定する際には、経営、組織、人事、など多岐にわたる切り口による分析が必要です。多面的な分析をすることで、企業の実態が浮かび上がってきます。一般的に、中小企業は大企業に比べて経営資源（人・物・金・情報）が限られていることが多く、上場企業や大企業のように豊富な経営資源を使って全包囲網的に経営課題に対応していくことはほぼ困難です。内部環境分析において、強みや弱み、機会、脅威を「モレなくダブリなく」分析して、それらの中からどこを重点的に伸ばすか、どこを早急に克服するか、優先順位付けをすることが重要です。

企業経営の分析は、財務諸表に集約されます。財務諸表（損益計算書、貸借対照表、キャッシュフロー計算書）から定量分析を行うことで、おおまかに問題の箇所を特定できます。

①損益計算書

まず3年または5年の損益計算書の推移を確認し、大まかな企業の問題点を把握します。売上が下がっているのであれば、顧客別・部門別・商品別の売上高を掘り下げて担当者にヒアリングする必要がありますし、さらに営業活動の方法等も確認する必要があるでしょう。売上高総利益率が下がっているのであれば、原価率がなぜ上がったのか深掘りする必要があります。このように、各種の問題の結果が現れるのが財務諸表なのです。

また、実態把握という面では、正常収益力の把握も必要不可欠です。例えば、営業外収益に含まれるべき本業と関連のない収入（不動産賃貸収入など）が売上高に計上されていたり、過剰在庫による原価圧縮がなされているケースがあります。販管費の中に引当金など必要な費用が正確に計上されていないケースもあるため、それらのチェックが必要です。特に事業の選択と集中、不要資産の売却などを行う場合は、本業での収益力がどの程度であるか把握しておかなければいけません。

②貸借対照表

金融機関は企業から提出された税務申告書に「中小企業会計指針」「中小会計要領」レベルの減額・時価会計による修正を加えて自己査定を行っています。このような修正を加えたものを実態貸借対照表と言います。税務申告上は純資産額がプラスであっても、不良な売掛債権や減価償却不足、投資有価証券の時価評価等を行った後の実態の純資産額がプラスであるかマイナスであるかは、非常に重要です。特に、実質債務超過に陥っている場合は、今後の利益をもって何年で解消できるかということが、金融機関の自己査定にも大きく影響します。したがって、資産項目、負債項目の調整を行い、財産に関する現状を把握することが必要です。

③キャッシュフロー計算書

手元に残る資金の流れを示した「キャッシュフロー」の視点も重要です。企業は黒字であってもキャッシュが足りなくなればゲームオーバーですし、逆に赤字であってもキャッシュがあれば続くのです。キャッシュフローは、営業キャッシュフロー、投資キャッシュフロー、財務キャッシュフローからなり、本業から得られる資金は営業キャッシュフローで表します。そのため、当然ながら営業キャッシュフローはプラスであるのが健全ですが、営業キャッシュフローのマイナスを財務キャッシュフローで賄っている中小企業も少なくありません。その場合は、営業キャッシュフローを分析し、営業利益がマイナスになっているのか、売掛債権の回収率が低いのか、過剰在庫によるキャッシュ流出なのか、原因を突き止めていきます。

④顧客別・部門別・商品別・地域別売上高

売上高がどのように構成されているのか把握するために、顧客別・部門別・商品別・地域別等の切り口で売上高を集計します。

顧客別売上高は、顧客への依存度を主に確認します。依存度が高すぎる場合は、万が一この顧客を失った場合の影響度が大きいことがわかります。業績が悪化している場合は、どの顧客の売上高が影響しているのか確認が必要です。

複数の部門がある企業の場合は、部門別売上高を確認します。損益まで作成できる場合は、部門別損益を確認し、どの部門が企業の業績に貢献しているか、どの部門の採算が悪いのかを確認します。部門別の採算性が低い場合には、部門撤退の可能性も検討する必要があります。

商品別売上高で、売れ筋の商品・サービスを確認します。商品・サービスが多い場合は、カテゴリー別にまとめます。これにより、どの商品が強く、どの商品が弱いのかを把握することができ、今後の商品展開を検討するうえで重要な情報となります。

地域別売上高は、地域の人口動態、企業の転入転出、学校・病院の動向などにより大きく動き、自社の物流・倉庫・支店の今後の戦略の大きな情報源になります。企業の地域戦略に直接関わることになります。

⑤販売費および一般管理費

販売費および一般管理費についても推移を確認し、変動費については売上に対する比率を分析します。金額が増えている科目、減っている科目については理由を明記しておきます。また、固定費なのか、変動費なのかも確認しておきましょう。計画を策定するうえで、削減の余地がないかが重要なポイントになります。

⑥経営指標（収益性、安全性、効率性、成長性）

経営指標では、収益性、安全性、効率性、成長性の視点から推移の確認や業界平均との比較を行います。

収益性分析では、企業が利益を生み出す力を分析します。売上高総利益率、売上高営業利益率、売上高経常利益率、売上高当期純利益率などがあります。

安全性分析では、企業の支払い能力、すなわち財務の健全性を分析します。自己資本比率、ギアリング比率、流動比率、固定比率、当座比率などがあります。

効率性分析では、投下資本をどの程度効率的に活用して利益や売上を上げているかを分析します。総資本回転率、売上債権回転率、棚卸資産回転率などがあります。

成長性分析では、経常利益増加率、自己資本額や売上高などがあります。

なお、2019年12月に、金融検査マニュアルは廃止され、同時に、金融庁は「検査マニュアル廃止後の融資に関する検査・監督の考え方」を公表しました。しかし、金融機関の実務では、旧金融検査マニュアルを否定するものではありませんから、この「検査マニュアル廃止後の融資に関する検査・監督の考え方」に明記された内容以外は、原則、従来の実務が継続されることになっています。したがって、次ページのスコアリングシートは多くの金融機関で引き続き利用されています。

(5)内部管理体制(役員・株主・組織・人事)と戦略・経営計画

どんな企業にも、経営者と従業員がおり、組織があります。経営資源のなかでも最も難しく、重要であると言われるのがヒト(組織)です。同業種の企業でも、組織体制によって戦略を実現できるかどうかが変わってくるので、組織体制の特徴はしっかり押さえておくことが重要です。

①中小企業における役員、株主の実態

役員と株主は、企業経営において非常に重要な機能を担うものなので、必ず確認することが必要です。株主名簿と保有株式数、役員名簿の確認は、企業のパワーバランスの把握にとって重要です。

日本の中小企業では同族経営が圧倒的多数を占めます。こういった企業では、「所有者である株主」と「業務執行者である経営者」が一致しており、大株主=代表取締役社長なので、社長の考えをすぐに経営に実践することが可能ということです。日本のイエ社会の家長制のように、家長である社長が社員に絶対的な命令を下し、社員の仕事と生活を守るという責任を果たします。

経営の民主化や効率化のために、最近では、コーポレートガバナンス、内部統制の観点から、経営者の独断を防ぐため、株主総会と取締役会の機能分離が望まれるようになっているものの、逆に、スピード感が損なわれるというデメリットが強調され、代表取締役のワンマン体制が未だに大勢を占めています。同族経営の中小企業では、所有と経営の分離がされておらず、公私混同している事例も多々見られます。日本の中小企業では、株

スコアリングシートと金融検査マニュアル別冊による審査

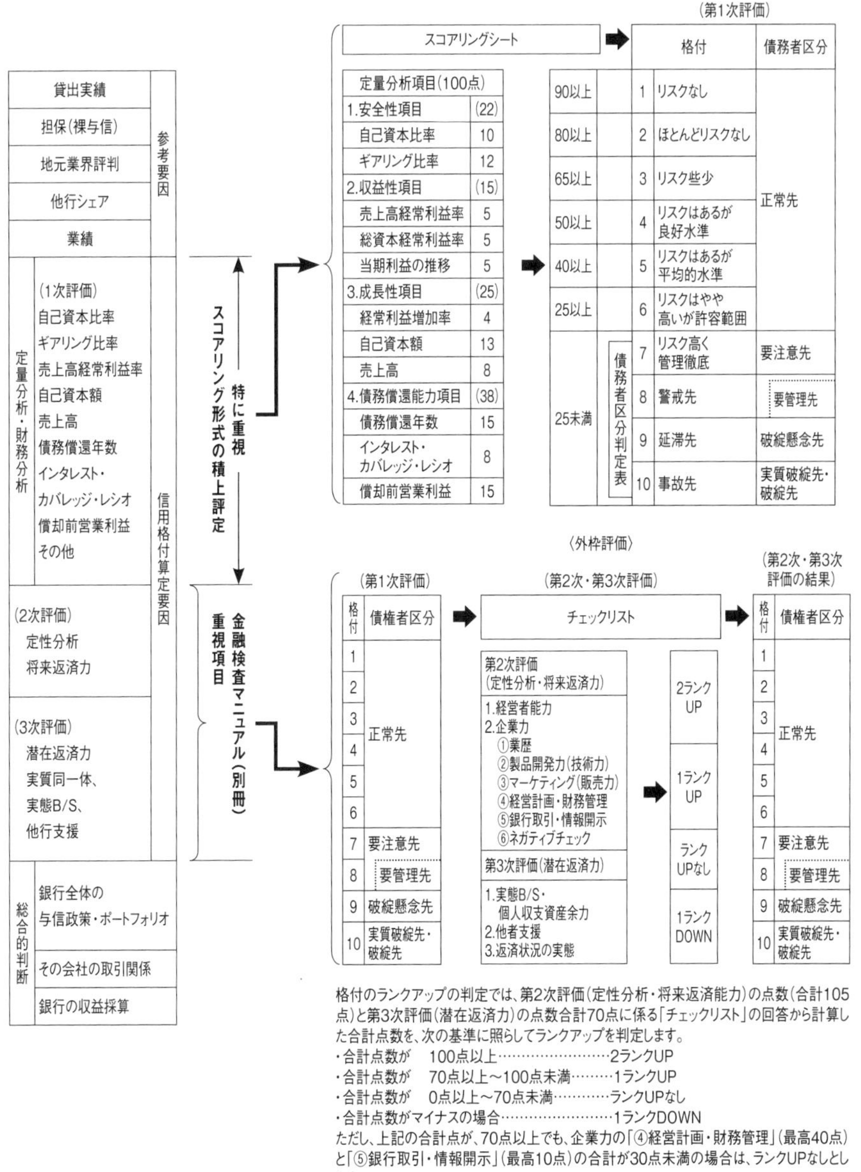

格付のランクアップの判定では、第2次評価(定性分析・将来返済能力)の点数(合計105点)と第3次評価(潜在返済力)の点数合計70点に係る「チェックリスト」の回答から計算した合計点数を、次の基準に照らしてランクアップを判定します。

・合計点数が　100点以上……………………2ランクUP
・合計点数が　70点以上～100点未満………1ランクUP
・合計点数が　0点以上～70点未満…………ランクUPなし
・合計点数がマイナスの場合……………………1ランクDOWN

ただし、上記の合計点が、70点以上でも、企業力の「④経営計画・財務管理」(最高40点)と「⑤銀行取引・情報開示」(最高10点)の合計が30点未満の場合は、ランクUPなしとします。

主と取締役の役割を混同している企業も多いので、注意が必要です。株主は企業の出資者で、会社が得た利益の一部を配当金として受け取る権利や、会社経営を監督する役割があります。それに対して、取締役は主に株主によって選ばれた業務執行に関する意思決定者のことです。

株主総会の決議は、議決権の過半数などで決定しますが、取締役会の決議は、取締役の多数決で決定します。大株主が取締役会の議長になった場合を想定すると、取締役会は、大株主の意向に反することはできないと思いがちですが、そんなことはありません。取締役は、株主でない人が多数決の議決権を持っていますから、一票しか持っていない大株主は取締役会では、自分の意向を100%通すことはできないのです。特に、社外の取締役が取締役会に入っている場合は、株主でない人材の意向(社会通念など)を企業の経営に反映することができるのです。また、その取締役会の権限は会社法で、「業務執行の決定、執行の監督、内部統制の整備」と定められています。したがって、中小企業といえども、取締役会が機能すれば、大株主の代表取締役によるワンマン体制、独断専行の防止が可能になるのです。

しかし、中小企業の大半を占めるオーナー経営企業の約80%は、未だに経営の意思決定を経営者独自で行っており、中小企業の潜在的な成長力を削いでいるとも言われています。最近では、日本の中小企業の生産性の低さが、日本の成長力の低迷の原因ということが定説になっています。スピード感が求められる外部環境変化には、経営者独自の意思決定がよいと言われるものの、経営を左右する業界情報や地域情報、行政情報、ステークホルダー情報などは、一人の経営者では、とても把握することはできません。経営の意思決定は、これらの情報を総合的に判断して行われるものですから、それらの情報についてはかなり深掘りすることが求められています。そのうえに、多くの経営者は高齢となって、柔軟な対応ができなくなっているようです。

　まして、コロナ禍で、三密防止が進めば、今まで、対面交渉で情報を得ていた経営者の情報ルートは途絶え、テレワークやIoT・スマホ活用またオンライン会議などに抵抗がある高齢の経営者は情報不足に陥り、客観的で的確な判断がなかなかできなくなっているようです。やはり、経営判断は、ワンマン経営者では、情報量や情報の共有化不足で、機能不全に陥る傾向になるようです。情報不足になれば、ガバナンス効果も低下し、取締役会の決定機能や監督機能も落ち込んでしまい、情報開示も十分にはできません。今後、重要性が増してくるステークホルダーとの協働も、なかなかうまくいくことにはならないと思います。

　また、後継者の存在の有無は企業存続の重要なポイントになります。後継者またその候補者については、続柄や企業内のポジション、事業承継の意思や心構えなどが大きな決定要因になっています。ほとんどの中小企業では、借入れをする際に経営者の個人保証を金融機関から取られますが、これが足かせとなって、後継者が決まらないことも多々あります。中小企業庁としては、「経営者保証に関するガイドライン」に沿って、金融機関に対して、企業に対する経営者の保証を免除するように勧めていますが、あまり効果が上がっていないようです。このガイドラインでは、経営者の個人保証を外すための条件の第一は、「所有と経営の分離」になっていますが、この条件をクリアすることが難しいのです。一般的には、経営者自身の経営力がないからと思われているようですが、実際は、企業自身が企業としての意思決定メカニズムや持続可能な組織の構築ができていないためであり、所有者である株主と企業自身の経営が分離していないということです。まさに、「所有と経営の分離」ができていないということになっているのです。例えば、取締役会が機能し、その議事録を金融機関に定期的に提出することになっていたならば、金融機関としては、その経営体としての企業のガバナンスがしっかりしており、「所有と経営の分離」を認めることができるものと思われます。企業の継続性を確認するうえでも、この「所有と経営の分離」は重要なポイントであり、このことは後継者にも歓迎されることになります。

②組織体制

中小企業の組織体制の構築には、主に3つの視点があります。「売上増強組織」「費用節約組織」「ガバナンス強化組織」です。

「売上増強組織」においては、販売管理強化を目指して、顧客別・部門別・商品別・地域別などの管理区分で、売上が最も上がることを狙っています。売上増加を目指して組織構造を作成し、その構造に合わせて支援体制を作るというものです。卸業界で、例えば、地域別売上管理が全体の売上増強に効果が見込める場合には、営業1部は関東地区、2部は関西地区、3部はその他地区というように分け、それぞれの部が、その括りのなかで、顧客別・商品別などの管理を各営業部長の指示で実施する組織であり、費用については、人事・採用・研修の人事部や、物件管理や資金管理を行う総務部を除けば、それぞれの営業部が費用管理を行う組織ということになります。

売上増強組織

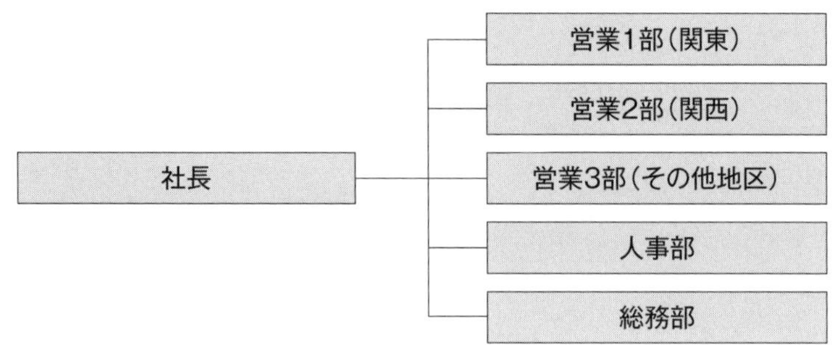

「費用節約組織」などは、下請企業や多くの支店を持つ企業などにおいて見られます。販売チャネルが固定化しており、分散しているために、あえ

て柔軟な販売施策を講じる必要がなく、費用の節約に注力しようという組織です。人材関連の費用は人事部、物件関連の費用は総務部、資金関連は財務部、情報・事務関連は事務部・システム部、また計画やモニタリング管理は企画部などが管掌して、本部組織内で費用の効率化を図ろうとするものです。この本部に営業部がある場合は、営業管理を行うもので、各支店ではできない営業費用の管理や全店ベースの販売金額管理を行い、個別の営業活動は支店長に任せて口を出さない部署ということです。

費用節約組織

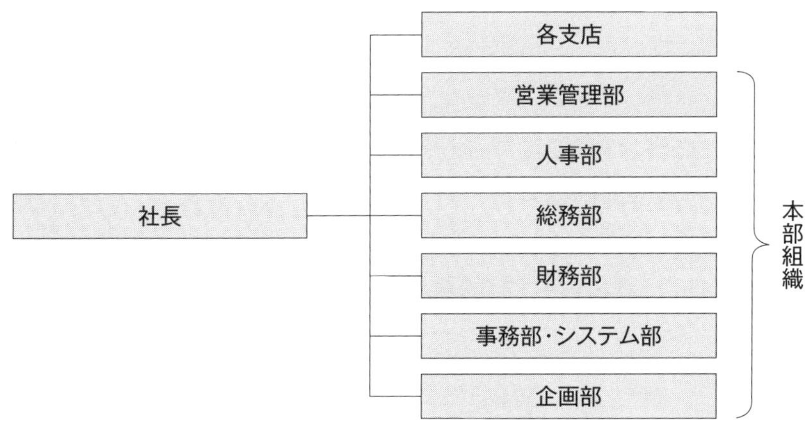

「ガバナンス強化組織」は、事業単位で編成する組織である事業部制組織と、その事業部制に職能別組織を複合したような、いわゆる「マトリックス組織」のことです。縦の組織と横の組織を組み合わせた組織ですが、社長が、その部署のリーダーと情報を密にとることで、ガバナンスの強化維持ができることを目論むものです。この部署を○○本部として本部制を採用する企業が多いようです。各本部長は取締役となって、取締役会に参加します。この取締役会では、各本部長が自分の管轄に沿って、多くはIT化された資料に沿って、前月や来月の活動報告を行い、また内部統制関連

事項の発表を行って、その後に、取締役である各本部長が全社ベースの観点で決議や協議を行うことになります。

ガバナンス強化組織

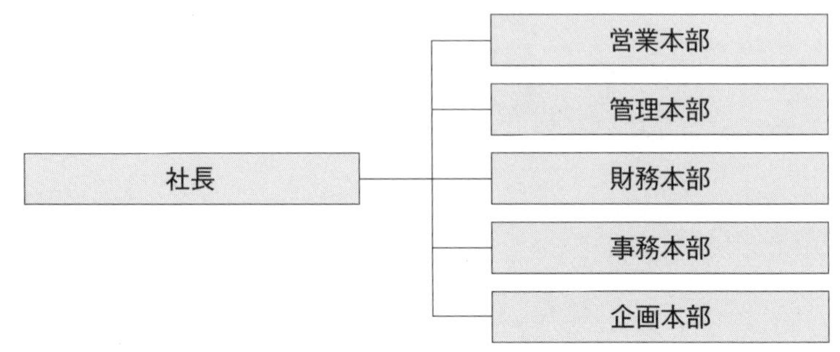

各企業とも、過去の歴史や業界他社の影響を受けながら、自社に最もふさわしい組織を構築していますが、その組織構築の考え方は、上記の3パターンに、ほぼ集約できると思われます。内部環境分析においては、その組織の特徴や部署ごとの業務内容を把握し、その組織に合わせた会議形態やその実施状況、意思決定、情報開示の実態を、それぞれ確認しておくことが必要です。

一般的には、戦略とそれを行うための戦術やアクションプランを経営計画として策定しますが、この経営計画に沿ったアクションプランのレベル感や、誰が担当として実行するのかを見極めるために、従業員のスキル、キーマンは誰なのかも確認しておくことが大切です。

また、策定したアクションプランのモニタリング機能が存在するかどうかも確認しておきましょう。中小企業ではPDCAが上手く回せず、アクションプランを策定してもフォローをしないままに放置されるケースが散見されます。しっかりと計画に対して実績がどれくらいか、計画に満たない場合はどう対処するかを決定する仕組みが求められます。

計画を社内の目標管理制度と連携させることも大切です。定量的・定性的な業績・行動管理指標を設け、これによって部門・事業所別の損益管理の整備、それらと連動した人事評価制度を構築することによって、従業員の目標達成意欲・モチベーションを高めることも可能になります。

なお、経営計画の策定からモニタリングのプロセスを想定し、現状の組織体制では円滑なPDCAを回すことができないと判断した場合は、組織体制の変更を検討するべきです。

3 成果判定・モニタリングと経営計画の策定

経営ビジョン、戦略を通して、実行に向けて経営計画を立て、実践していきます。その後に、成果判定・モニタリングを行いますが、ややもすると、従業員にとっては、計画の実行に力点が置かれ、成果判定・モニタリングは軽視される傾向にあります。誰でも、将来に向かって新しい企画を実行することについてはテンションが高まるものですが、逆に、その結果のモニタリングはなかなか気分が乗らないものです。経営者としても、販売したり開発することは皆と一緒に頑張れることですが、むしろ、皆のテンションがあまり高まらない「成果判定・モニタリング」には進んで力を入れることが必要と思います。

そのためには、成果判定・モニタリングについて、「（1）バランス・スコアカード」を活用することをお勧めし、次に、「（2）自社の経営計画の俯瞰とそのチェック指標のポイント」について見ていくことが大切です。

(1)バランス・スコアカード

バランス・スコアカードは1992年にロバート・S・キャプランとデビッド・P・ノートンにより提唱された実施状況監視のフレームワークです。企業や組織のビジョンと戦略の実施状況を監視する（モニタリングする）ためのツールとして、登場しました。

そして、「財務」「顧客」「業務プロセス」「学習と成長」の4つの視点から、具体的なアクションプランに落とし込んだものを注視します。それぞれの視点に対し、経営者が5個か6個の評価尺度を選択して、その評価尺度間の関係を図に描いて期待値（目標値）を決定し、検討します。経営戦略の適合した部門や個人ごとの個別の戦略目標は、「重要目標達成指標」（KGI）、重要業績評価指標（KPI）、アクションプランを設定して、PDCAサイクルを回すことによって、業績改善や各個人のスキルアップを促し、企業変革を推進していきます。

企業経営においては、大手販売先や大口仕入先の異変や従業員の大量退社、災害やスキャンダルなど、目に見える現象や大きな赤字や収支悪化などについては、誰でも気がつき、皆が直ちに対策を講じることになります。しかし、経営ビジョンや戦略また経営計画における徐々の悪化については、経営者の感性や担当者の勘で気がつくことがリスク回避の対策になります。このような徐々の悪化（また好転）に対して、経営者が早目に対策や方針変更を講じることは、経営上極めて重要なことになります。

バランス・スコアカードの例

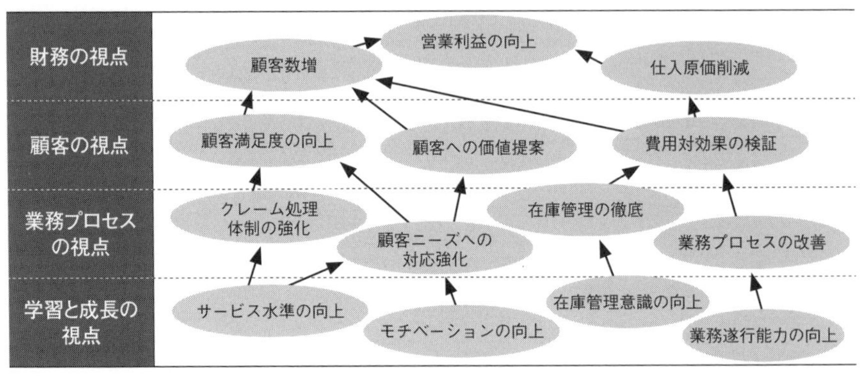

（出典）一般社団法人資金調達支援センター『財務金融アドバイザー講座』「経営計画策定」（渡邊賢治著、中村中監修）

部門や個人ごとの戦略目標については、各評価尺度の関係と全体の目標値で合意に達したうえで、バランス・スコアカードの個々の適切な目標指標値を設定します。評価尺度の妥当性が認められ、このバランス・スコアカードの利便性が高まり、現在では一般的なものとなっています。

すなわち、バランス・スコアカードはパフォーマンス管理ツールということになっています。経営者はそれによって徐々に進行する戦略的課題に気づき、戦略立案に注力することができますが、あくまでも、バランス・スコアカード自体は戦略立案のためのものではなく、戦略立案や他のツールと同時に存在し、効果を高めるものです。

ついては、成果判定とモニタリングを実践するためには、経営者としては、経営ビジョンや戦略に沿った経営計画に対して、そのアクションプランやモニタリングまで踏み込んで、重要目標達成指標（KGI）、重要業績評価指標（KPI）を策定することが求められます。

なお、KGIはビジネスの最終的なゴールを定量的に示した指標であるのに対し、KPIはKGI達成までの各プロセスにおいての達成度を測るもので、ゴールまでの中間指標となります。例えば、営業推進面で、KGIを新規顧客数達成指標とすれば、KPIは、営業部員の問合せ数とか、アポイント数、面談数、などの業績評価指標ということになります。

ちなみに、中央官庁も、このKPIによる管理を行っています（42ページ参照）。

（2）経営計画からの重要目標達成指標（KGI）・重要業績評価指標（KPI）の選定

①重要目標達成指標（KGI）・重要業績評価指標（KPI）の役割

経営ビジョンや戦略また経営計画において、経営の数値が徐々に悪化したり、一方、数値が長期にわたり好転することがあるかもしれません。このような徐々の悪化また好転を知ることは、経営上極めて重要です。一般に、経営計画を策定する時は、BCP計画（窮境時の事業継続計画：Business

Continuity Plan）でない限り、経営者は巡航速度で飛行するジェット機の飛行計画を想定しています。将来起こる気候の急変や事故の兆候は、将来の経営計画には想定していません。まさに、経営計画とは、経営者にとって、平穏時に自動操縦を続けるパイロットのフライトスケジュールであり、気候急変や事故の想定は含んでいません。このアクシデントを察知するのはパイロットの腕前であり実力です。企業経営においても同様です。順調な飛行を続けることを想定している経営計画の成果判定、モニタリング指標には、異常事態であるリスク・チャンスを発見する工夫が必要です。これこそ、実力があり経験豊かなベテランの経営者が作成するものです。経営のリスクやチャンスを見つけ出す指標、すなわち、経営者に注意を喚起する「重要目標達成指標（KGI）、重要業績評価指標（KPI）」の定量数値や定性項目は部下に任せることではなく、経営者自身が手を下す仕事になります。

②経営計画から求める成果判定

とは言いながら、中小企業の経営者のほとんどは、営業部門や技術分野の経験はあるものの、総務、企画、人事などの部署で、直接、経営計画策定を経験した人は少ないはずです。経営幹部になれば、経営計画を読むことは多々ありますが、実際に策定するときの実務まで習得している人は多くないと思われます。経営者として、成果判定・モニタリング管理を行うためには、実務に直結した成果指標を作成しなければなりません。すなわち、経営者自身が納得できる「重要目標達成指標（KGI）、重要業績評価指標（KPI）」の内容や、問題点を早期に認識できる定量数値や定性項目を見つけ出すことが必要になります。経験を積んだベテランの経営者ならば、当たらずとも遠からずで、これらの成果指標を発見できるかもしれませんが、多くの経営者には、これはかなり高いハードルのはずです。高齢の経営者でも、IT／デジタル戦略に疎い方では、この指標の発掘は、やはり、難しいと思われます。

そこで、多くの経営者の方々には、経営ビジョンや戦略に沿った典型的な経営計画を、再度、時間をかけて、ゆっくり読み込んで習得してもらいたいと思います。その読み込みのなかから、経営者自身で、「重要目標達成指標（KGI）、重要業績評価指標（KPI）」を抽出する手法が見つけ出せるものと思われます。経営計画の予実管理を行い、次のローリングプラン（当初計画と現実とのズレを埋めるための修正計画）を策定する時にも、このKGI、KPIは有効です。また、経営者が経営計画の期限の中間時点で行う迅速で的確な意思決定にも、そして従業員への行動指針の伝達にも、この典型的な経営計画の読み込みと習得をお勧めしたいと思います。

4 「経営改善計画書のサンプル」によるKGI、KPIの求め方の例

ついては、「重要目標達成指標（KGI）、重要業績評価指標（KPI）」の求め方の実例として、中小企業庁のホームページから見られる「経営改善計画書のサンプル【原則版】」に沿って、そのポイントを述べていくことにします。

「経営改善計画書のサンプル【原則版】」の構成は以下の通りです。

1. はじめに
2. 債務者概況表
3. 概要（外部・内部環境分析、計画の基本方針、計画期間・改善目標等）
4. 内部環境分析
   （ア）企業集団の状況
   （イ）ビジネスモデル俯瞰図
   （ウ）売上高・仕入高などの実績
   （エ）資金実績表

5. 具体的な施策
6. 実施計画
7. 計数計画（予想損益計算書、予想貸借対照表、予想キャッシュフロー計算書）
8. 返済計画、金融支援依頼

この「経営改善計画書のサンプル【原則版】」は、経営計画としては最もオーソドックスな経営計画のサンプルであり、この章立ては網羅的であり、行政機関や金融機関への情報開示資料として提出することもできます。

したがって、経営者として、経営計画の作成法や読み方を習得するには最もふさわしいものと思います。実際の事例は、業績不振の自動車部品の製造業で、平成25年に認定支援機関の支援によって、中小企業の経営者が作成する計画書ということになっています。この業績不振の内容に引っ張られずに項目に沿って、自社としてさらに過去の経緯や業界・他社の情報などを詳しく述べることによって、立派な計画書となります。

また、社内の組織図の各部署については、その部署ごとに部門計画を策定し、その内容が、全体計画と整合性が合うならば、企業の役職員全員のアクションプランもでき上がることになります。

実際に、このような経営計画が策定され、当社で実践されることになると、当社の役職員はこの経営計画やその部署計画に沿って活動しますが、ほとんどの役職員は、経営計画や部署計画だけでは、目標と日々の活動が具体的に結びつかず、どうしても、わかりやすい指標を求めるようになりますし、経営者としても同様です。この指標こそ、KGIやKPIの定量指標であり、定性項目というものです。これを社内の役職員に徹底し、経営者自身も共有できれば、皆の業務活動力を高めることができます。特に、経営者としては、KGI、KPIについて実績値・実績内容を想定し、その差異状況によって経営の異常事態のチェックを行えることが重要になります。

KGI、KPIの複数指標の絡み（関連）のチェックも大切です。

以下に、「経営改善計画書のサンプル【原則版】」の写しと、「KGIやKPI」の求め方の補足説明を行いますが、ざっくり申し上げて、そのイメージは下記の枠の通りです。

> 成果指標としての「KGI)」は、例えば、「3．概要」の「計画期間・改善目標等」（p2の下段）がほぼ該当します。「KPI」は、「計数計画・具体的な施策」の「社長作成」の部分の上段（p4の下段）や、≪実施計画≫における「経営改善計画に関する具体的施策の効果」の項目（p5の上段）などがその候補になります。また「モニタリング計画」（p5の上段）がその指標チェックの期間になります。

経営改善計画書のサンプル【原則版】

事例サンプルA

経営改善計画書

「中小企業の新な事業活動の促進に関する法律」に基づく経営革新等支援機関による経営改善計画策定支援

平成○年○月○日

甲株式会社
代表取締役社長●●

【留意事項】
本経営改善計画書の雛形はあくまでもサンプルであり、地域における金融環境、企業の状況に応じて適宜変更されることを想定しています。

※本資料は、認定支援機関向け経営改善・事業再生研修【実践力向上編】(株式会社きんざい)の事例をベースに作成をしています。

経営改善計画書のサンプル【原則版】

認定支援機関作成支援⇒社長検証

はじめに

当社は、昭和52年1月に××県△△市に創業以来、36年間にわたって、独立系の自動車部品の3次請負メーカーとして、自動車用ホイールの切削加工業を営んで参りました。自動車の国内生産台数の増加にあわせ当社の売上高も順調に増加しておりましたところ、

実情に応じて適宜記載

度の大幅な受注減に見舞われ、平成24年5月度には3年振りの営業赤字に陥るとともに、結果として新工場は過剰設備となり、資金繰りにも苦慮する事態となりました。
こうした事情により、取引金融機関様のご理解とご協力を仰ぐべく、本事業再生計画書(以下「本書」という)を策定いたしました。

本書に記載しましたとおり、今後は当社の課題である「営業体制の強化」「さらなる経費削減」「旧工場の処分」に取り組み、事業面及び財務面での再構築を行い、再建を図っていく所存です。

取引金融機関様におかれましては、何卒ご理解とご支援を賜りますようお願い申し上げます。

平成25年●月●日

甲株式会社

代表取締役社長 ●●

中小企業基盤整備機構 認定支援機関向け研修資料より

p1

【補足説明】

これから述べるサンプルAは、「中小企業の新たな事業活動の促進に関する法律」における認定支援機関の研修資料として作成されたものであり、各ページの右上に書かれた「認定支援機関作成支援⇒社長検証」「認定支援機関と社長で作成」「社長作成」「認定支援機関作成支援」を再確認のうえ、再読されることをお勧めします。また、認定支援機関とは、「中小企業・小規模事業者が安心して経営相談等が受けられるために、専門知識や、実務経験が一定レベル以上の者に対し、国が認定する公的な支援機関」のことです。

下段の「はじめに」の部分には、この事例では明記されていませんが、当社の経営ビジョンや自社のドメイン（企業などが事業活動を行う範囲）を書き込むことが多く、以後の記載内容の骨格や目的を示すことになります。

なお、経営改善計画書に、「はじめに」などの記載は必要ないという経営者の方もいると思いますが、「はじめに」で読者にその計画書の目線を作ってもらうことがポイントになります。特に、多くの計数や数値表を読み込むときには、読み手としての自分なりの目線を持っていない場合は、その数値が無味乾燥のものに見え、ストレスを高めることになります。自分が右上がりと思ってみた数値が下がっていたら、自然に「何故」という疑問が起こり、数値表との間で対話が生じるものです。

この計画書から生まれるKGIやKPIの指標も、このような対話のきっかけやその延長線上に誕生するものと思います。

経営改善計画書のサンプル【原則版】

≪ 債務者概況表≫

認定支援機関作成支援⇒社長検証

①対象先・概要

事業者	甲株式会社				
連絡先	●●●-●●●-●●●●	住所	××県△△市●●		
業種	製造業	設立年月日	昭和52年1月25日	年商	322 百万円
事業内容	自動車部品	代表者	●●	年齢	60 歳
資本金	10百万円	従業員数	25名	金融機関	①A銀行 ②B銀行 ③C信金 ④ ⑤

事業内容・沿革
昭和52年1月　××県△△市にて創業
平成23年12月　××県△△市に新工場取得

株主構成

名前	株数	関係
●●	3,500	社長
●●	1,200	長女
●●	300	長男
計	5,000	

役員構成

名前	役職
●●	代取
●●	取締役
●●	取締役

④銀行取引状況

金融機関名	22年9月期（実績）	シェア	23年9月期（実績）	シェア	24年9月期（実績）	シェア
A銀行	195	81.1%	192	80.9%	274	76.0%
B銀行	45	18.9%	45	19.1%	39	10.8%
C信金	0	0.0%	0	0.0%	48	13.2%
合計	240	100.0%	238	100.0%	361	100.0%

②財務内容及び問題点

平成24年9月期　　単位：百万円

資産の部	決算	修正	実質	負債の部	決算	修正	実質
現預金	39		39	支払債務	5		5
売上債権	19	▲1	18	短期借入金	21		21
棚卸資産	1		1	その他	28		28
その他	10		10	流動負債計	53	0	53
流動資産計	69	▲1	68	長期借入金	340		340
土地	118	▲7	111	その他	3		3
建物(附属含)	118	▲7	111				0
その他	48		48				0
有形固定資産	284	▲14	270	固定負債計	344	0	344
無形固定資産	0	0	0	負債合計	397	0	397
会員権	0		0	資本の部	決算	修正	実質
投資有価証券	1		1	資本金	10		10
その他	71	▲2	70	その他	18	▲16	2
投資等	72	▲2	70				0
固定資産計	356	▲15	341	自己資本	28	▲16	12
資産合計	425	▲16	409	負債・資本合計	425	▲16	409

主要項目コメント及び問題点

【資産査定】
滞留売掛金▲1、旧工場の含み損▲14、保険積立金の含み損▲2

【財務上の問題点】
平成23年9月に約弁正常化も足元の資金繰り厳しい。

⑤ 現状と認識課題
・平成24年3月の尖閣諸島問題に端を発する中国での日本車不買運動により、受注が大幅に減少。
・営業体制強化による売上拡大が課題。
・平成24年9月期に17名の人員削減を実施済みであるが、更なる経費削減が課題。
・旧工場について可能な限り早期に処分し担保権者に弁済することが課題。

③業績推移等

(単位：千円)	22年9月期（実績）	23年9月期（実績）	24年9月期（実績）	25年9月期（見込）
売上高	222	350	322	138
営業利益	21	39	▲27	▲35
経常利益	35	45	▲23	▲26
当期利益	35	33	▲23	▲26
減価償却	14	28	37	28
決算上自己資本	19	52	28	2
修正			▲16	▲16
実質自己資本			12	▲14
中小企業特性			5	5
特性反映後実質自己資本			17	▲9
金融機関からの借入金	240	238	361	340

【分析結果】
平成24年3月の尖閣諸島問題に端を発する中国での日本車不買運動による受注減で赤字傾向となり、平成25年9月期には実質債務超過となる見込。

収益弁済原資	14 百万円	
債務超過解消年数	5 年	（中小企業特性反映後ベース）
債務償還年数	26 年	（借入金381÷収益弁済原資14=26年）

⑥ 経営改善計画策定方針
・営業体制強化による売上高の拡大
・経費削減（役員報酬、人件費、消耗品費等）
・旧工場の処分

経営改善計画書のサンプル【原則版】

≪ 概 要≫

認定支援機関作成支援⇒社長検証

①課題・問題点

（財務状況（資産実態・損益動向）、窮境要因等）

Ⅰ　中国での自動車不買運動

平成20年9月のリーマンショックを契機とする世界経済減退に伴い、当社は大幅な受注減に見舞われましたが、自動車の国内生産台数の継続的増加も背景とし、その後約3年間で売上水準が元通りに回復するとともに、更なる売上増加が見込まれていました。ところが、平成24年3月の尖閣諸島問題に端を発する中国での日本車不買運動により得意先からの受注が大幅に減少し、平成24年5月度には営業赤字に陥り、平成24年9月期は当期純損失▲23百万円を計上しました。

Ⅱ　新工場の過剰投資

自動車の国内生産台数の継続的増加により今後の売上増加が見込まれていたことから、平成23年12月には新工場を取得しました。投資額は1億7千万円で、新規融資と自己資金により賄いました。旧工場は増改築の繰り返しだったため生産効率が悪かったこともあり、新工場は旧工場の倍以上の生産を可能とするものでしたが、上述のとおり、中国での日本車不買運動によって受注が大幅に減少してしまい、従来90%以上であった機械稼働率も40%以下に低下してしまい、新工場は結果として過剰投資となってしまいました。

Ⅲ　脆弱な営業体制

当社の営業は、これまで社長の信用力に依存しながら、基本的に得意先（自動車部品2次メーカー）の応援外注先として得意先の生産能力を超過した部分を受注しておりました。近年は業界全体が右肩上がりの中、営業活動に注力せずとも受注が増加していたことから、新規顧客の開拓や既存顧客に対するフォローアップというものについてはまったくと言っていいほど実施してきませんでした。

Ⅳ　経費予算管理未実施

当社は経費予算を設定しておらず、売上増加傾向の中、漫然と経費を支出してきた経緯があり、経費支出を必要最低限に抑制する仕組みがありません。また、上述のとおり、当社は大幅な受注減に直面しており、損益構造の転換を余儀なくされていますが、経費削減について、どのような項目でどれだけ削減余地があるかといった定量的な情報を直ちに把握することができません。

②計画の基本方針

営業体制を強化して、新規顧客の獲得及び既存顧客からの受注増加を目指し、売上高の維持・拡大を図ります。

役員報酬及び工場人員の削減は平成24年9月に実施済みですが、その他の諸経費についても削減余地を洗い出し、さらなるコスト削減を図ります。

取引金融機関様に対する借入金の弁済については、以下のとおりお願いいたします。
・計画期間中に獲得したFCFの8割相当額を、取引金融機関様の平成25年3月末残高に応じて弁済します。
・旧工場の土地建物については、可能な限り早期に売却し、担保権者である取引金融機関様に弁済します。

③計画期間・改善目標等

計画期間は5年とします（平成26年9月期～平成30年9月期）。

平成28年9月期（計画3年目）に経常黒字化を果たします。

中小企業特性考慮後実質債務超過については、平成30年9月期（計画5年目）に解消します。

計画終了時（平成30年9月末）におけるキャッシュフロー比率を9.1倍とします。

中小企業基盤整備機構　認定支援機関向け研修資料より

p2

【補足説明】

≪債務者概況表≫は、対象企業の企業概要、株主構成、役員構成、財務内容、業績推移、問題点、金融機関との取引状況、現状と課題、計画策定方針などをまとめたものです。計画の概要が一目でわかるように記載し、課題・問題点を説明し、計画の基本方針を示しています。それを受けて、計画期間を3～5年に設定し、数値的な改善目標を記載します。この≪債務者概況表≫は一覧性を重視するものですから、自社の「ビジョン・ビジネスモデル⇒戦略⇒モニタリング⇒ガバナンス」の内容と違和感がある点については、コメントを入れておくことが大切です。そのコメント・説明が足りない項目については、別紙にて追加説明をするケースが多いようです。

また、≪概要≫の「①課題・問題点、②計画の基本方針、③計画期間・改善目標等」は、この計画のテーマに該当する点ですから、「ビジョン・ビジネスモデル⇒戦略⇒モニタリング⇒ガバナンス」の内容を踏まえて、良く考慮しながら記入してください。この事例は、「該当企業の窮境脱出と資金調達」がメインテーマになっていますので、その記載内容には引っ張られずに、自社の考え方と整合するようにしてください。「③計画期間・改善目標等」の数値目標を「重要目標達成指標（KGI）」とすることも一策であり、「重要業績評価指標（KPI）」を展望して記載することがよいと思います。

経営改善計画書のサンプル【原則版】

認定支援機関と社長で作成

≪ 企業集団の状況≫

・ 事業者の資本関係・取引関係説明資料（平成25年3月末現在）

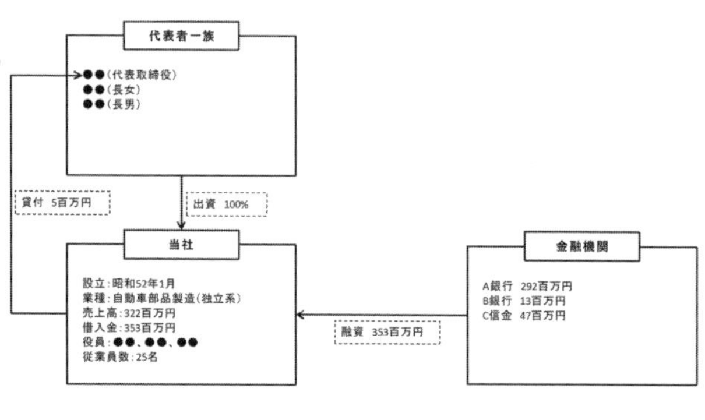

経営改善計画書のサンプル【原則版】

認定支援機関と社長で作成

≪ ビジネスモデル俯瞰図≫

・ 事業者のビジネスモデル説明資料

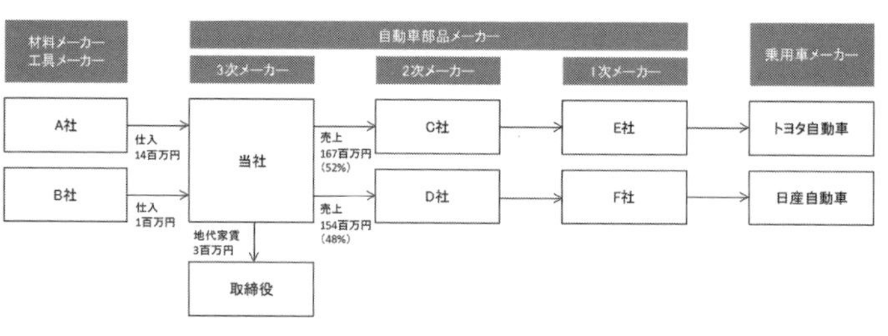

※切削用ホイール材料については、原則として、得意先からの無償支給とされている。

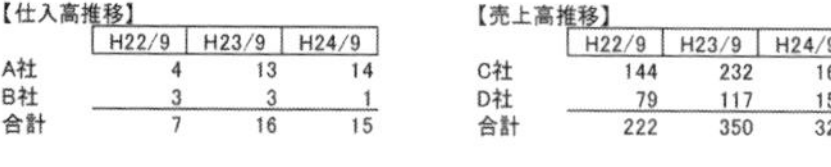

【仕入高推移】

	H22/9	H23/9	H24/9
A社	4	13	14
B社	3	3	1
合計	7	16	15

【売上高推移】

	H22/9	H23/9	H24/9
C社	144	232	167
D社	79	117	154
合計	222	350	322

中小企業基盤整備機構 認定支援機関向け研修資料より

p3

【補足説明】

≪企業集団の状況≫は、当該企業の資本関係・取引関係の説明資料で、図表による記載がよいと思います。中小企業であろうとも、子会社や関連会社を持っています。また、経営者が「イエ社会の家長」的な存在であって、家族名義で株式を所有する企業を多く持っていることもあります。なかには、当該企業よりも大きな資産や売上を計上するケースもあります。このような場合は、子会社、関連会社、オーナー経営企業、また経営者個人などグループ全体を連結して把握しないと、その企業集団の実態が掴めないことがあります。また、資金についても相互に融通しあい、企業グループ全体で資金の流れを把握しなければならないこともあります。かつては、単独企業の決算で、「子会社を使って恣意的に利益を計上する」「土地、有価証券などの意図的な子会社への譲渡」など利益操作をするケースもあったことから、企業集団の状況を把握することが重要になっています。なお、2000年3月期から、大企業や上場企業は、証券取引法（現金融商品取引法）のディスクロージャー制度で、ほとんどが連結決算を行っています。

≪ビジネスモデル俯瞰図≫はかなり実態を割り切って書かれ、他のモデルを捨象することも多いと思いますが、DXのビジネスモデルは、必ず記載することがよいと思います。DXは、デジタル・データ化で、顧客や社会ニーズによって、自社と他社または業界・地域機関と連携を組むことなどですが、これは、新しい動きです。今後の成長要因でもありますから、わかりやすい図表で記載することをお勧めします。「重要業績評価指標（KPI）」を作成するためにも大切です。

経営改善計画書のサンプル【原則版】

認定支援機関作成支援⇒社長検証

≪ 資金実績表≫

1. 平成24年9月期 (前期実績)

(単位:千円)

平成24年9月期	前年繰越	10月	11月	12月	1月	2月	3月	4月	5月	6月	7月	8月	9月	計
売上高		30,624	33,857	37,774	38,480	27,784	34,538	29,421	27,446	21,744	17,260	12,250	11,066	322,243

借入		-	-	-	46,425	115,385	-	-	-	38,462	-	-	20,765	221,037
返済		20,430	4,658	4,732	3,946	18,402	4,732	3,952	3,450	5,512	19,108	4,740	4,601	98,261
借入金残高	238,361	217,931	213,273	208,541	251,020	348,003	343,272	339,320	335,870	368,820	349,713	344,973	361,137	361,137
現預金残高	81,514	62,382	54,869	47,267	90,560	68,828	68,170	75,243	67,272	100,515	75,853	33,646	39,261	39,261

2. 平成25年9月期 (今期実績・見通し)

		実績	実績	実績	実績	見通し	見通し	見通し	見通し	見通し	見通し	
平成25年9月期	前年繰越	10月	11月	12月	1月	2月	3月	4月	5月	6月	7月	計
売上高		8,147	8,888	11,613	13,746	10,449	8,996	11,679	12,263	12,876	13,520	112,178

借入		38,295	-	-	-	-	-	-	-	-	-	38,295
返済		38,781	7,528	597	-	-	-	-	-	-	-	46,905
借入金残高	361,137	360,651	353,124	352,527	352,527	352,527	352,527	352,527	352,527	352,527	352,527	352,527
現預金残高	39,261	23,129	21,834	23,770	16,399	21,493	26,920	31,675	32,241	33,699	35,462	35,462

(注)平成24年12月中に返済猶予の要請を行い、元金の支払いを停止している。

3. 平成25年9月期 (仮に返済猶予が行われなかった場合)

		実績	実績	仮	仮	仮	仮	仮	仮	仮	仮	
平成25年9月期	前年繰越	10月	11月	12月	1月	2月	3月	4月	5月	6月	7月	計
売上高		8,147	8,888	11,613	13,746	10,449	8,996	11,679	12,263	12,876	13,520	112,178

借入		38,295	-	-	-	-	-	-	-	-	-	38,295
返済		38,781	7,528	7,520	6,154	6,538	7,692	5,385	6,308	6,538	6,077	98,521
借入金残高	361,137	360,651	353,124	345,604	339,450	332,911	325,219	319,834	313,527	306,988	300,911	300,911
現預金残高	39,261	23,129	21,834	16,847	3,322	1,877	▲ 387	▲ 1,017	▲ 6,759	▲ 11,840	▲ 16,154	▲ 16,154

経営改善計画書のサンプル【原則版】

認定支援機関作成支援⇒社長検証

≪ 計数計画・具体的な施策≫

数値計画の概要

(単位:千円)	実績-2 平成23年9月期	実績-1 平成24年9月期	計画0年目 平成25年9月期	計画1年目 平成26年9月期	計画2年目 平成27年9月期	計画3年目 平成28年9月期	計画4年目 平成29年9月期	計画5年目 平成30年9月期
売上高	350,300	322,243	138,077	144,981	152,230	159,841	159,841	159,841
営業利益	38,562	▲ 27,165	▲ 34,526	▲ 7,901	1,621	6,173	11,532	12,499
経常利益	44,966	▲ 23,032	▲ 25,761	▲ 10,980	▲ 1,243	4,462	9,171	10,428
当期利益	32,762	▲ 23,251	▲ 25,815	▲ 24,880	▲ 1,297	4,408	9,117	10,374
減価償却費	27,832	36,525	28,434	18,454	15,950	13,609	12,320	11,002
簡易CF(経常利益+減価償却費-法人税等) A	61,304	13,374	2,619	7,420	14,653	18,017	21,437	21,375
現預金残高	81,514	39,261	53,986	46,197	51,170	57,358	64,969	69,201
金融機関債務残高	238,361	361,137	352,527	333,858	323,309	310,891	296,006	278,010
資本性借入金	-	-	-	-	-	-	-	-
運転資金相当額	48,329	13,911	5,533	6,096	6,439	6,800	6,803	6,803
差引要償還債務残高 B	108,518	307,965	293,008	281,566	265,700	246,734	224,235	202,006
CF倍率 A÷B	1.8	23.0	111.9	37.9	18.1	13.7	10.5	9.5
簿価純資産額	51,563	28,312	2,497	▲ 22,383	▲ 23,680	▲ 19,272	▲ 10,154	219
実質純資産額		12,158	▲ 13,657	▲ 24,691	▲ 25,987	▲ 21,579	▲ 12,462	▲ 2,088
中小企業特性反映後実質純資産額		17,158	▲ 8,657	▲ 19,691	▲ 20,987	▲ 16,579	▲ 7,462	2,912

(注)計画3年目に経常黒字化している。計画5年目に中小企業特性反映後実質債務超過を解消し、その時点のCF倍率は9.5倍と10倍以下となっている。

社長作成

項目		課題	実施時期	具体的な内容
1	営業体制の強化	顧客別予実管理	平成25年4月～	既存顧客へのフォローアップ回数増による追加受注や、自動車以外の工作機械メーカー等への新規営業による切削業務の受注獲得を目指します。「営業行動管理シート」を作成し、営業担当者毎・顧客毎に、顧客情報、営業方針・営業戦略、月次売上目標を記載してもらい、顧客別の予実管理を行うとともに、フィードバックできる体制を構築します。
		営業会議の開催	平成25年4月～	これまでは営業担当者間の情報共有があまり行われていなかったため、毎週水曜日の午前中に営業会議を開催します。各営業担当者から「営業行動管理シート」に記載した営業戦略や売上目標、達成度合や改善施策等について発表してもらいます。参加者全員でその内容について協議するとともに、成功例や失敗例を共有して営業力の向上を図ります。
省略する				
2	経費削減	役員報酬の削減(実施済み)	平成24年9月	この度の業績悪化に関する経営責任として、取締役3名の役員報酬を各人の生活に必要最低限の金額まで削減します(平成24年9月に実施済み)
省略する				
2	旧工場の処分	売却代金の弁済	平成26年9月期中	売却代金については担保権者であるA銀行に対して返済を行い、支払利息の圧縮を図ります。

経営改善計画に関する表明事項

対象会社	弊社はこのたび、財務体質の抜本的な改善と事業面の立て直しを図るべく事業計画を策定いたしました。弊社では、本計画に基づき、金融機関様のご支援のもと、社長・従業員が一丸となって事業再生を進める所存でございます。このような事態を招き、金融機関様には多大なご迷惑をおかけしますが、本計画について御理解を賜りたくお願い申し上げます。
主要債権者	甲株式会社より事業計画への取り組み表明を受けたため、経営改善施策への誠意ある取り組みを前提条件として、本計画書に記載された金融支援を行います。

中小企業基盤整備機構　認定支援機関向け研修資料より

p4

【補足説明】

≪資金実績表≫は、金融機関から借入れがあり、その借入れが短期借入れ（1年以内）であるならば、必要になります。この事例は、該当企業が窮境脱出と資金調達をメインテーマにしていますので、特に詳しく書かれています。無借金企業や長期借入れしかない企業については、簡単に作成するだけでよいと思います。ただし、将来の資金繰りに不安のある企業や、建設会社などでこれから大きな受注とその立替資金が発生する見込みの企業については作成するべきです。

一方、近々に資金繰りに破綻が見込まれる企業については、必須資料になります。別紙にしてでも提出するべきです。金融機関として、この経営改善計画書の検討中に、新規に追加借入れが発生する場合、その支援する金融機関としては混乱しますので、欠かせない資料になります。

≪計数計画・具体的な施策≫における数値計画の概要は、中小企業としては、極めて重要な資料であり、「戦略」のバックボーンになる資料とも言えます。どんな立派な企画や施策であろうとも資金が枯渇してしまえば、続けることはできません。この数値計画は、年間ベースの「資金繰り実績・予想表」というもので、売上高・営業利益・経常利益など、この数値計画のすべての数値は、他のページの数値と必ず一致または整合性がなければなりません。また、社長作成の「営業体制の強化」「経費節減」「旧工場の処分」は、数値目標・期日目標を設定することなど表現の工夫で、「重要業績評価指標（KPI）」になります。組織改編やデジタル・データ化の企画や事業がある場合もここに明記することをお勧めします。

なお、「経営改善計画に関する表明事項」は、一般的な計画には不要です。

経営改善計画書のサンプル【原則版】

社長作成

≪ 実施計画≫

経営改善計画に関する具体的施策の効果

(単位:千円)

	経営改善計画の具体的な内容	実施時期	実施責任者	科目	直近期 平成24年9月期	計画0年目 平成25年9月期	計画1年目 平成26年9月期	計画2年目 平成27年9月期	計画3年目 平成28年9月期	計画4年目 平成29年9月期	計画5年目 平成30年9月期
1	営業体制強化	平成25年4月～	社長、営業部長	売上高	322,243	138,077	144,981	152,230	159,841	159,841	159,841
2	経費削減										
	役員報酬削減(実施済み)	平成24年9月	社長	役員報酬	29,615	9,338	10,062	10,062	10,062	10,062	10,062
	人員削減(実施済み)	平成24年9月	社長	賃金給与	116,283	55,633	56,144	56,694	57,250	57,809	58,375
	福利厚生費削減	平成25年4月～	管理部長	福利厚生費	3,166	109	109	68	68	68	68
	工場消耗品費削減	平成25年4月～	工場長	工場消耗品費	21,181	5,718	5,385	5,385	5,385	5,385	5,385
	接待交際費削減	平成25年4月～	社長	接待交際費	617	865	462	462	462	462	462
	地代家賃削減	平成25年10月～	社長	地代家賃	3,462	3,462	1,731	1,731	1,731	1,731	1,731
	保険料削減	平成25年4月～	管理部長	保険料	20,281	3,431	615	615	615	615	615
				計	194,605	78,555	74,507	75,016	75,572	76,132	76,698
3	旧工場の処分	平成24年4月～	管理部長	支払利息	7,255	7,178	6,864	6,572	6,342	6,069	5,740

モニタリング計画

	頻度	内容
1	月次	・取引金融機関様に残高試算表を送付します(当月分を翌々月初に送付します)。
2	3ヶ月に1度	・メイン行様に計画と実績の比較分析、アクションプランの進捗状況を報告します。
3	決算期	・取引金融機関様に計画と実績の比較分析、アクションプランの進捗状況を報告します。 ・取引金融機関様に決算書を送付します。

経営改善計画書のサンプル【原則版】

≪ 計数計画≫

認定支援機関作成支援

損益計算書と課税所得

(単位:千円)	実績-2 平成23年9月期	実績-1 平成24年9月期	計画0年目 平成25年9月期	計画1年目 平成26年9月期	計画2年目 平成27年9月期	計画3年目 平成28年9月期	計画4年目 平成29年9月期	計画5年目 平成30年9月期
売上高	350,300	322,243	138,077	144,981	152,230	159,841	159,841	159,841
[illegible]	1,623	862	215	[illegible]	[illegible]	149	156	156
省略する								
特別損失	3,517	100	–	13,846	–	–	–	–
税引前当期純利益	44,257	▲ 23,132	▲ 25,761	▲ 24,826	▲ 1,243	4,462	9,171	10,428
法人税等	11,494	119	54	54	54	54	54	54
当期純利益	32,762	▲ 23,251	▲ 25,815	▲ 24,880	▲ 1,297	4,408	9,117	10,374
H24/9発生		▲ 23,132	–	–	–	4,462	9,171	9,499
H25/9発生			▲ 25,761	–	–	–	–	929
省略する								
H30/9発生								–
欠損金の発生(▲)または使用		▲ 23,132	▲ 25,761	▲ 24,826	▲ 1,243	4,462	9,171	10,428
繰越欠損金残高		▲ 23,132	▲ 48,893	▲ 73,719	▲ 74,961	▲ 70,499	▲ 61,328	▲ 50,900
課税所得		–	–	–	–	–	–	–

(注)計画3年目に経常黒字化している。

製造原価報告書

(単位:千円)	実績-2 平成23年9月期	実績-1 平成24年9月期	計画0年目 平成25年9月期	計画1年目 平成26年9月期	計画2年目 平成27年9月期	計画3年目 平成28年9月期	計画4年目 平成29年9月期	計画5年目 平成30年9月期
期首材料棚卸高	207	847	214	92	96	101	106	106
省略する								
経費	101,566	119,794	67,412	50,808	47,842	50,156	44,174	42,843
当期総製造費用	245,394	275,342	139,532	121,970	119,697	122,757	117,390	116,681
期首仕掛品棚卸高	1,064	423	13	6	6	6	6	6
期末仕掛品棚卸高	423	13	6	6	6	6	6	6
当期製品製造原価	246,035	275,751	139,539	121,970	119,697	122,757	117,390	116,681

販管費の内訳

(単位:千円)	実績-2 平成23年9月期	実績-1 平成24年9月期	計画0年目 平成25年9月期	計画1年目 平成26年9月期	計画2年目 平成27年9月期	計画3年目 平成28年9月期	計画4年目 平成29年9月期	計画5年目 平成30年9月期
役員報酬	26,851	29,615	9,338	10,062	10,062	10,062	10,062	10,062
省略する								
雑費	1,425	833	798	791	791	791	791	534
販管費	64,942	73,110	32,883	30,919	30,919	30,919	30,919	30,662

中小企業基盤整備機構　認定支援機関向け研修資料より

p5

【補足説明】

≪実施計画≫の「経営改善計画に関する具体的施策の効果」の項目は、「重要業績評価指標（KPI）」の数値目標・期日目標にする内容です。企業の未来像や外部・内部環境を勘案して、どの項目をKPIに選択するかを決定するべきです。例えば、営業体制強化や人員削減また工場消耗品費削減などについては、当社のコア業務に影響することであり、バランス・スコアカードの「財務」「顧客」「業務プロセス」「学習と成長」の４つの視点に注目してアクションプランに落とし込むことも必要です。また、直近期、計画0年目、計画1年目、計画２年目～と続く数値の上限値・下限値を想定することで、「重要業績評価指標（KPI）」は経営者のリスク・チャンスのそれぞれの管理指標になります（163ページ参照）。例えば、「経営改善計画の具体的な内容」の項目に、組織改編における各部署の数値目標や、デジタル・データ化にかかるIT・IoT機器の導入台数の目途値、またSDGs勉強会の実施状況などを加えれば、施策・事業の進捗チェックができます。

「モニタリング計画」については、企業の各部署で詳細な計画を作成しておくことをお勧めします。

≪計数計画≫における「損益計算書と課税所得」「製造原価報告書」「販管費の内訳」の各数値は、多くの事業計画の合算値であり、同時にこの数値が他の数値と整合性があることが重要です。「損益計算書と課税所得」の下段にある「（注）計画3年目に経常黒字化している。」も重要な付言と言えます。

経営改善計画書のサンプル【原則版】

認定支援機関作成支援

≪ 計数計画≫

貸借対照表（資産の部）

（単位：千円）	実績-2 平成23年9月期	実績-1 平成24年9月期	計画0年目 平成25年9月期	計画1年目 平成26年9月期	計画2年目 平成27年9月期	計画3年目 平成28年9月期	計画4年目 平成29年9月期	計画5年目 平成30年9月期
現金預金	81,514	39,261	53,986	46,197	51,170	57,358	64,969	69,201
受取手形	30,427	6,833	2,928	3,074	3,228	3,389	3,389	3,389
省略する								
長期前払費用	8,169	4,312	3,551	2,789	2,028	1,266	505	–
投資その他の資産	59,188	71,932	53,909	53,148	52,386	51,625	50,863	50,359
固定資産	205,401	355,973	310,279	268,523	252,572	238,963	226,643	215,641
資産合計	352,950	424,948	373,863	323,942	313,380	306,393	301,684	294,914

貸借対照表（負債・純資産の部）

（単位：千円）	実績-2 平成23年9月期	実績-1 平成24年9月期	計画0年目 平成25年9月期	計画1年目 平成26年9月期	計画2年目 平成27年9月期	計画3年目 平成28年9月期	計画4年目 平成29年9月期	計画5年目 平成30年9月期
支払手形	12,149	4,460	2,317	1,431	1,502	1,577	1,574	1,574
買掛金	2,841	239	124	77	80	84	84	84
省略する								
繰越利益剰余金	26,063	2,811	▲ 23,003	▲ 47,883	▲ 49,180	▲ 44,772	▲ 35,654	▲ 25,281
純資産合計	51,563	28,312	2,497	▲ 22,383	▲ 23,680	▲ 19,272	▲ 10,154	219
負債・純資産合計	352,950	424,948	373,863	323,942	313,380	306,393	301,684	294,914
【実質純資産の推移】								
帳簿上の純資産		28,312	2,497	▲ 22,383	▲ 23,680	▲ 19,272	▲ 10,154	219
① 滞留売掛金		▲ 769	▲ 769	▲ 769	▲ 769	▲ 769	▲ 769	▲ 769
② 不動産の含み損		▲ 13,846	▲ 13,846	–	–	–	–	–
省略する								
実質純資産		12,158	▲ 13,657	▲ 24,691	▲ 25,987	▲ 21,579	▲ 12,462	▲ 2,088
④ 社長所有不動産		5,000	5,000	5,000	5,000	5,000	5,000	5,000
中小企業特性反映後実質純資産		17,158	▲ 8,657	▲ 19,691	▲ 20,987	▲ 16,579	▲ 7,462	2,912

（注）中小企業特性反映後の実質純資産額は、計画0年目にマイナスに陥るが、計画5年目にプラスに転じている。

経営改善計画書のサンプル【原則型】

≪ 計数計画≫

認定支援機関作成支援

キャッシュフロー計算書

（単位：千円）	実績-2 平成23年9月期	実績-1 平成24年9月期	計画0年目 平成25年9月期	計画1年目 平成26年9月期	計画2年目 平成27年9月期	計画3年目 平成28年9月期	計画4年目 平成29年9月期	計画5年目 平成30年9月期
税引前当期純利益	44,257	▲ 23,132	▲ 25,761	▲ 24,826	▲ 1,243	4,462	9,171	10,428
減価償却費	24,472	32,668	27,672	17,692	15,188	12,848	11,558	10,497
省略する								
法人税等支払	▲ 76	▲ 11,511	▲ 81	▲ 54	▲ 54	▲ 54	▲ 54	▲ 54
営業活動によるCF ①	97,462	22,169	6,074	1,423	15,522	18,606	22,496	22,229
有形固定資産増減	▲ 51,042	▲ 170,496	▲ 0	225	0	0	0	0
省略する								
長期貸付金増減	–	–	5,941	–	–	–	–	–
投資活動によるCF ②	▲ 61,011	▲ 187,197	17,261	9,456	0	0	0	0
短期借入金増減	▲ 33,306	450	▲ 20,765	–	–	–	–	–
長期借入金増減	25,942	122,326	12,155	▲ 18,668	▲ 10,549	▲ 12,418	▲ 14,885	▲ 17,997
財務活動によるCF	▲ 7,364	122,776	▲ 8,611	▲ 18,668	▲ 10,549	▲ 12,418	▲ 14,885	▲ 17,997
現金預金増減	29,088	▲ 42,253	14,725	▲ 7,789	4,973	6,188	7,611	4,232
現金預金期首残高	52,426	81,514	39,261	53,986	46,197	51,170	57,358	64,969
現金預金期末残高	81,514	39,261	53,986	46,197	51,170	57,358	64,969	69,201
FCF ①＋②（注3）			23,335	10,879	15,523	18,606	22,496	22,229
FCF×80%			18,668	8,703	12,418	14,885	17,997	17,783
【キャッシュフロー比率の推移】								
有利子負債			352,527	333,858	323,309	310,891	296,006	278,010
▲現預金			▲ 53,986	▲ 46,197	▲ 51,170	▲ 57,358	▲ 64,969	▲ 69,201
▲運転資金			▲ 5,533	▲ 6,096	▲ 6,439	▲ 6,800	▲ 6,803	▲ 6,803
要償還債務①			293,008	281,566	265,700	246,734	224,235	202,006
留保利益（当期純利益）			▲ 25,815	▲ 24,880	▲ 1,297	4,408	9,117	10,374
減価償却費			28,434	18,454	15,950	13,609	12,320	11,002
引当金増減（注1）			▲ 420	835	835	835	831	831
キャッシュフロー②			2,199	▲ 5,591	15,489	18,853	22,268	22,206
キャッシュフロー比率①÷②（注1）（注2）			133.2	▲ 50.4	17.2	13.1	10.1	9.1

（注1）《計数計画概要・具体的施策》「数値計画の概要」では、キャッシュフローの算定に引当金増減を含めていないため、キャッシュフロー比率の計算結果が異なっている。

（注2）中小企業特性反映後の実質債務超過時（計画5年目）のキャッシュフロー比率は9.1倍と10倍以下となっている。

（注3）平成26年9月期（計画1年目）のFCF10,879千円には、旧工場の処分収入9,231千円が含まれており、これを除くと1,648千円となる。

中小企業基盤整備機構　認定支援機関向け研修資料より　p6

【補足説明】

≪計数計画≫における「貸借対照表」「キャッシュフロー計算書」は、「損益計算書と課税所得」と同様に、将来の決算報告書に関連する極めて重要な情報開示資料であり、ステークホルダーへの影響も十分に検討する必要があります。「重要目標達成指標（KGI）、重要業績評価指標（KPI）」に採用する数値目標にも使用できますし、経営者のリスク・チャンスのそれぞれの管理指標にも使えます。また、数値面の整合性は重要で、小さな差異の場合は、「キャッシュフロー計算書」の下段の注記の１と３の要領で記載することをお勧めします。

【上記p1 ～ p6のサンプルに対する総合的補足説明】

総じて、経営改善計画については、過去3期分の数値を並べて、今後3～5年の計数計画（予想損益計算書、予想貸借対照表、予想キャッシュフロー計算書）を策定し、連続性に注意し違和感があれば説明しなければなりませんが、これが常道です。経営計画は全体の一貫性が最も重要です。売上高、仕入高、在庫、販売費及び一般管理費などの計画値は、アクションプランとリンクした根拠のある数値を入れなければ、一貫性のある計画にはなりません。つまり、売上高が増加するのであれば、売上を上げるためのアクションプランを実施し、それを実行するための費用が必ずかかります。前期と比較して大きく増減する勘定科目は、その理由を記載することが大切です。

しかし、計画においては、事業見直しによる設備の廃棄や不稼働資産の売却というマイナス面もありますし、事業を成長させるための資産増強のためのプラスの投資が必要になります。装置型産業における有形固定資産に対する修繕費・新規設備投資や、情報システム整備のための投資、従業員の能力向上への教育投資などもあります。計画の実現へ向けた投資であることを十分に検証して、計画の途中であっても、新たに計画に盛り込むことも重要です。

また、製造原価報告書は、技術部長・工場長などと、販売費の内訳は、営業部長や販売部長などと、経営者はよく協議し、相互に納得しておくことも必要です。

なお、コロナ禍で、なかなか直近の数値さえ固められない業種もあります。その際は、バックキャスティング手法と言って、仮に5年～10年後の予想値（ある程度、納得性がある未来の数値）を設定して、その数値を目指す計画策定手法もあります。検討することをお勧めします。

経営改善計画書のサンプル【原則型】

認定支援機関作成支援

≪ 計数計画≫

金融機関別返済計画

(単位:千円)	実績-2 平成23年9月期	実績-1 平成24年9月期	計画0年目 平成25年9月期	計画1年目 平成26年9月期	計画2年目 平成27年9月期	計画3年目 平成28年9月期	計画4年目 平成29年9月期	計画5年目 平成30年9月期
A銀行(短期)								
期首残高			20,765	-	-	-	-	-
新規借入			-	-	-	-	-	-
返済			20,765	-	-	-	-	-
期末残高			-	-	-	-	-	-
A銀行(長期)								
省略する								
期末残高			291,866	276,410	266,088	255,807	243,483	228,583
A銀行(合計)								
期首残高			274,337	291,866	276,410	266,088	255,807	243,483
新規借入			38,295	-	-	-	-	-
返済			20,765	15,456	10,322	10,281	12,323	14,900
期末残高			291,866	276,410	266,088	255,807	243,483	228,583
B銀行(長期)								
省略する								
合計								
期首残高			361,137	352,527	333,858	323,309	310,891	296,006
新規借入			38,295	-	-	-	-	-
返済			46,905	18,668	10,549	12,418	14,885	17,997
期末残高			352,527	333,858	323,309	310,891	296,006	278,010
(支払利息)								
合計	金利		7,178	6,864	6,572	6,342	6,069	5,740
A銀行(短期)	2.4%		249	-	-	-	-	-
A銀行(長期)	2.0%		5,454	5,683	5,425	5,219	4,993	4,721
B銀行(長期)	2.0%		524	256	249	244	234	221
省略する								

金融機関別借入金返済計画には以下のような内容を記載すること
1. 期中の返済額及び期末の残高を記載すること。
2. 信用保証協会の保証付債権については、それ以外の債権と区分して記載すること。
3. 金融機関が複数ある場合には、金融機関別返済額の算出方法(残高比率等)を記載すること。

経営改善計画書のサンプル【原則型】

≪ 計数計画≫

認定支援機関作成支援

金融支援計画

甲社は、経営改善の実施に必要なすべての金融機関から金融支援の同意を得る予定です。各金融機関ごとの金融支援の内容は以下のとおりです。
1. A銀行からの金融支援の内容
・返済額は各計画期間のフリーキャッシュフロー(FCF)の80%に金融機関借入金に占めるA銀行の融資残高の比率を乗じた額とし、従前の返済額●千円からの減額が予定されています。なお、金利は2. 4%(短期)、2. 0%(長期)を予定しています。
2. B銀行からの金融支援の内容

省略する

います。

【記載上の留意事項】
金融支援計画には以下の内容を記載すること
1. 金融機関別に既存の借入条件(返済時期及び額、金利等)と支援後の借入条件を対比して、既存の借入金の返済負担が軽減・維持されていることが確認できるように記載すること(複数の契約がある場合には契約ごとに返済負担の軽減・維持がなされていることが確認できることが望ましい)
2. 事業収益以外の原資(資産売却等)による返済がある場合には、その内容がわかるように記載すること
3. 計画において金融支援として融資行為のみを予定する場合には、申請者が財務上の問題を抱えている旨と理由をわかるように記載すること。

金融機関別保全状況

平成25年3月末現在
(単位:千円)

	金融機関名	債権額(A)	保全額(B)	保全内容					非保全残高 (A)-(B)	担保設定状況
				保全合計	不動産	動産	預金担保	協会保証		
1	A銀行	291,866	259,346	259,346	150,000	-	11,179	98,167	32,520	
省略する										
3	C信金	47,487	46,889	46,889	-	46,889	-	-	598	
	合計	352,527	319,409	319,409	150,000	46,889	15,751	106,769	33,118	

(注)C信金の動産46,889千円は保険積立金である。
債権者間調整のために必要な場合等には適宜作成する。

中小企業基盤整備機構 認定支援機関向け研修資料より

p7

【補足説明】

ここの≪計数計画≫における金融機関別返済計画や金融支援計画また金融機関別保全状況については、交渉相手が金融機関であり、直接、KGI、KPIには影響がありません。しかし、この金融機関交渉には、経営者の時間が大幅に割かれることや、財務部また各部の総務セクションの作業が増加して、平常業務に支障が生じることもあります。この点は注意が必要です。

4 イエ社会型中小企業経営者と新ガバナンスシステムの導入

今後、デジタル・データ化が進捗し、経営者や株主ばかりではなく売先・仕入先・従業員・地域住民などのステークホルダーとの関わりを重視した経営を行うには、その変化に沿ったガバナンス（企業統治）を実践していかなければなりません。このことは、多くの中小企業経営者にとっては、相当な覚悟を持たなければなりません。今までのデジタル・データ化やステークホルダー重視が選択肢の一つであった経営環境であったならば、経営者としては胸を張って、「当社は自社の経営方針で進んでいきます」と言えましたが、デジタル・データ化、ステークホルダー重視が経営の中心テーマとなり必須項目になった世界では、経営体質の変更は避けて通れなくなりました。政府から生産性向上を求められ、コロナ禍でテレワーク実施が喫緊の課題になった現在では、デジタル・データ化、ステークホルダー重視を実施しないことが、今までうまくいっていた経営に水を差すことになってしまいます。すなわち、多くの中小企業にとって、経営体質の変更こそ、経営の目標になったとも言えます。

デジタルガバナンス・コードにおいても、「経営者は、デジタル技術を活用する戦略の実施に当たり、ステークホルダーへの情報発信を含め、リーダーシップを発揮するべきである」と述べており、実務面においても、戦略面においても経営の見直しを要請されています。また、サイバーセキュリティリスク等に対しても適切な対応を求められています。そのうえに、企業の取締役会について、その役割・責務を適切に果たし、経営者の取組みを的確に監督することを明記しています。

ここでは、もう一度、日本独自の中小企業の現状を見直して、今後の中小企業経営者のガバナンスの必須事項と、取締役会の活用方法について、見直していこうと思います。

1 中小企業経営者のワンマン経営者化の現状

ほとんどの中小企業経営者は、イエ社会における家長制の延長線上にあって年間の売上高・利益を目指す、いわゆる「ワンマン経営者」と言われていると思います。この「ワンマン経営者」は、一般的には、フットワークが良く、スピード経営を実践していると言われていますが、今となってはその弊害も大きく、生産性の向上に結びつかず、なかなか自社を成長企業に育て上げることは難しいようです。10人以上の企業で、社内には役割分担の部署があったとしても、その組織の機能を生かせないままに、ガバナンス（内部統制）の効果も浸透していないようです。

一方、上場企業は、2015年以降、ほぼ全社が「コーポレートガバナンス・コード」を取り入れ、社内の不都合やトラブルは、ほぼ解消しています。ここ数年間、コンプライアンス委員会や取締役会などで、このコーポレートガバナンス・コードに照らし合わせて、社内の行動を改正しガバナンス（内部統制）を浸透させています。デジタル・データ化で、企業内の各部署の第一次管理はデジタル化が進み、業界情報はデータ化で信頼できる数値情報が報告され、各部署の会議や取締役会の議案の協議・決定・監督も効率化が進んでいます。そのために、コロナ禍のテレワークも順調に進んでいます。組織内の業務見直しが進み、グループワークや個人ワーク、また単純業務や判断業務を、デジタル・データ化によって分類していましたので、ほとんどすべての仕事は、メンバーの自宅ワークとオンライン会議にシフトできるようになっているようです。とは言いながら、日産自動車では、カルロス・ゴーン事件が起こりました。これは、ゴーン元CEOの過去の企業実績とその人柄で、取締役会のチェック機能が効かなくなりましたが、これもコーポレートガバナンス・コードが正しく浸透していなかったとの反省がコンセンサスになりました。事件の全容が明らかになればなるほど、コーポレートガバナンス・コードの重要性が浮き彫りにされました。

未だに、中小企業経営者の中には、「ワンマン経営こそが、現在の多様化しスピード化した経営環境には最適な手法である」と誤解したまま、企業のガバナンス(内部統制)の機能不全にも目を瞑っており、なかには、このことに問題意識すら持っていない経営者がいます。ちなみに、「2018年版中小企業白書」では、中小企業の取締役会について、以下のような記載になっています。国としても、上場企業の内部統制が軌道に乗りつつあることから、中堅・中小企業にもコーポレートガバナンス・コードの定着を図りたいと考えています。そして、中堅・中小企業の「生産性の向上」が進まないことは、デジタル・データ化とガバナンスの浸透の遅れが、根本的な原因であるという囁きが広がっています。

第1部　2018 White Paper on Small and Medium Enterprises in Japan

第4章 中小企業の経営の在り方

第3章までで見てきたように、機械・設備投資やIT化投資、研究開発投資といった各種の投資行動や、人材育成、業務効率化、アウトソーシングといった経営の取組は、取締役会の開催といった内部体制や、経営計画の策定、管理会計の取組といった経営体制の整備状況と関係があることが分かった。

②取締役会の開催状況と取締役会における議論の状況

次に、取締役会の開催状況と取締役会における議論の状況について見てみたい（第1-4-24図）。所有形態別に見ると、オーナー経営企業であり外部株主のいない企業では取締役会の設置状況が低いことが分かる。従業員規模が21～50人の企業については、約6割の設置状況であり、約4割が取締役会を設置していないことが分かる。他方、オーナー経営企業でない企業では、取締役会を設置している会社の比率が高く、規模による差はほとんど見られない。

第1-4-24図 取締役会の設置状況（所有形態別及び従業員規模別）

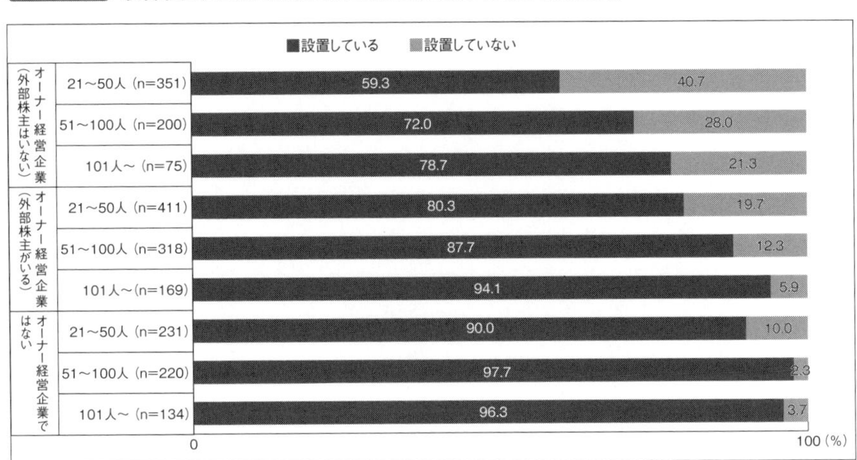

資料：アクセンチュア㈱「平成29年度我が国中小企業の構造分析及び構造変化の将来推計に係る委託事業報告書」（2018年3月）

（注）2016年における企業の従業員規模及びオーナー経営企業であるかについての回答ごとに、「10年以上前から設置している」、「過去10年以内に設置した」と回答した企業を「設置している」とし、取締役会を設置しているかについて回答した企業を集計している。

第1-4-25図は、取締役会において実際にどのような議論が行われているかを見たものである。オーナー経営企業や従業員規模が小さい企業においては、意思決定や議論を行うために定期的に取締役会を開催している割合が低く、不定期な開催になっているのが現状である。他方、従業員規模の拡大に伴い、経営の意思決定を定期的に行う機関として機能している割合が上昇していくことが分かる。

第1-4-25図 取締役会での議論の状況(所有形態別及び従業員規模別)

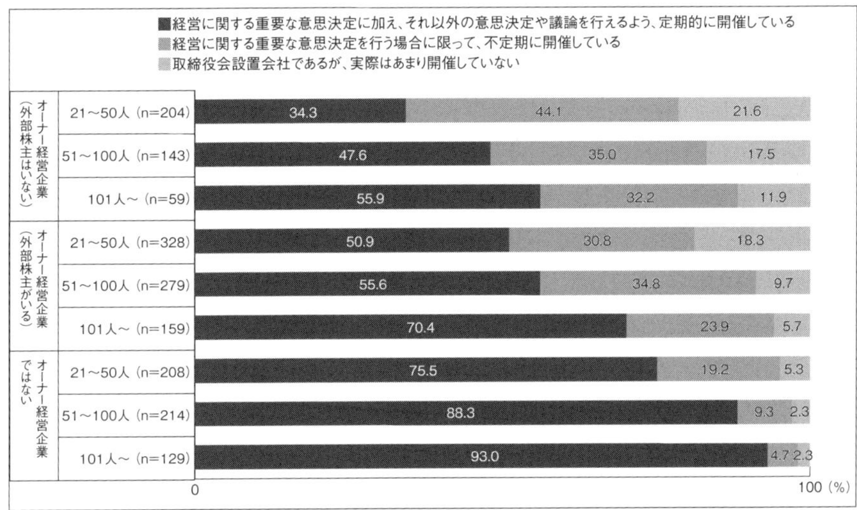

資料:アクセンチュア㈱「平成29年度我が国中小企業の構造分析及び構造変化の将来推計に係る委託事業報告書」(2018年3月)
(注) 2016年における企業の従業員規模及びオーナー経営企業であるかについての回答ごとに、取締役会を設置しているかについて「10年以上前から設置している」、「過去10年以内に設置した」と回答した企業のうち、取締役会の開催頻度と議論の状況について回答した企業を集計している。

第 1-4-26 図は意思決定の方法について見たものである。従業員規模が小さいうちは、代表者が一人で意思決定を行っている割合が大きいが、規模が拡大するにつれて、取締役や経営幹部と議論し、合議制で意思決定をしていく経営の意思決定方法に変化していくことが見て取れる。

第1-4-26図 意思決定の方法(所有形態別及び従業員規模別)

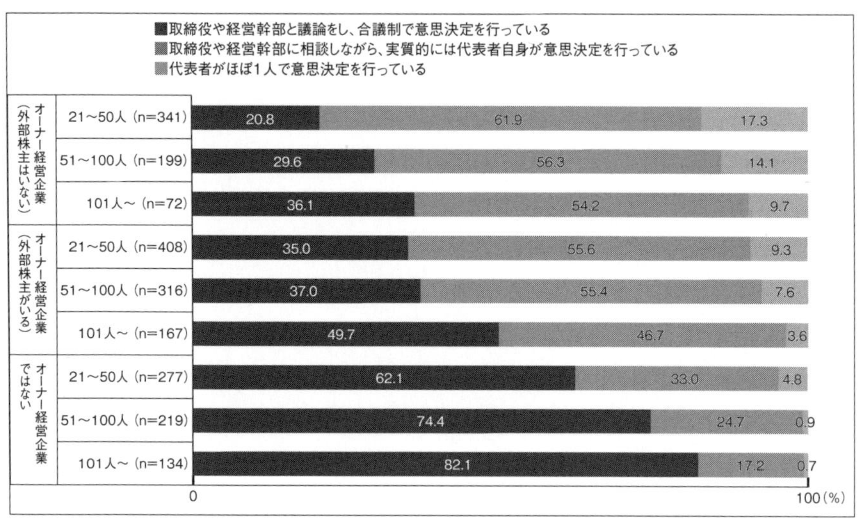

資料:アクセンチュア㈱「平成29年度我が国中小企業の構造分析及び構造変化の将来推計に係る委託事業報告書」(2018年3月)
(注)2016年における企業の従業員規模及びオーナー経営企業であるかについての回答ごとに、経営に関する重要な意思決定を行う方法について回答した企業を集計している。

この図表から読み取れますように、中小企業の経営者の大半を占めるオーナー経営企業の70～80%は、経営の意思決定を合議しないまま取締役会も通さないで、経営者独自で行っています。

社会的には、この意思決定は問題視され、中小企業の潜在的な成長力を削いでいると言われています。経営情報は日々刻々変化しており多様化されて、その経営情報量は膨大なものになっていますが、中小企業の意思決定は一人の経営者が単独で行っている状況に、誰もが疑問を持つようになっています。また、意思決定を行ったとしても、その内容の説明が徹底しないために、効果的な遂行に至らないことも多々あります。

一方、オーナー経営者などのワンマン経営者は、事業承継も経営者保証の削減も、なかなか進みません。ワンマン経営は、独断専行型で、経営者自身が行った意思決定事項に対して、ほとんどモニタリングされることもなく、リスク管理面のチェックもありません。すなわち、取締役会（業務の決定、監督、内部統制）の機能が働いていないということです。また、意思決定事項に対して、経営者が検討したプロセスやその記録も残されていませんし、ステークホルダー（利害関係者）への情報開示もされていません。連れて、ステークホルダーからの的確なアドバイスも届きません。

経営者が高齢になって、事業の引継ぎをしたいと思う後継者にとっては、このような状況下、前の経営者と同じように経営判断を続けることがほとんどできません。社内の幹部に経営の相談をしようとしても、過去の意思決定の経緯がわからず、必要な情報も残されていないならば、新経営者は目の前に迫った意思決定をどのようにしたらよいかわかりません。誰に相談したらよいか途方に暮れることも多々あります。実際に、事業承継後に自信をもった意思決定ができるようになるには、何年もかかりますし、その間、前経営者がいない場合は、適切な意思決定ができないために、大きな障害が発生していることもあるようです。

例えば、不幸にして前任者が他界し、長男が他の勤務先を退社して、社長のポストを継いだ場合は、父親の社長が意思決定していたような事項を新任社長が誰にも相談できず、一人で多くの案件を決定する場合、そのストレスはいかに大きく、また、その周りの幹部も大きな不安になると思います。仕入先としては材料費をいつ払ってもらえるのか、販売先は購入商品のクレーム処理はどうなるのか、パートさんからはいつ出社を断られるのか、金融機関には前社長の保証を中断してもらえるのか、などなどで、日常業務さえ、不安になってしまいます。その時に、大手取引先が一つでも倒産したならば、最悪、従業員は離散してしまうかもしれません。

このような不安は、現在の経営者でも、事業承継を依頼される後継者でも抱くものです。後継者が決まらないのは、借入金融機関が経営者保証を抜いてくれないからとか、前任社長の保有株式に対する相続税がかかり過ぎるからというような、問題点の指摘が横行しますが、実は、その中小企業の明日からの経営をいかに行ってよいかわからないことであると思います。後任経営者は、その幹部の支援度、また、仕入先や取引先、従業員、金融機関などのステークホルダーの今後の対応に、最も大きな不安を抱いています。後継者候補が次の経営者になりたいと手を上げることが、なかなかできないのは、今後の経営そのものに対する不安からかもしれません。

上場会社の後継者は、なぜ円滑に決まるのでしょうか。テレビのドラマでは、社長ポストを巡る後継者争いがテーマになりますが、これは大企業や上場企業を想定しているからです。それらの企業は、企業組織も確立し、そのポストには業務を熟知した幹部が就いており、内部統制もワークしているからです。新社長が代表取締役ポストを巡航速度で運営できるまで少なくとも1年間くらいはかかりますが、新社長の引継ぎが順調に進むことは明らかです。内部組織と内部統制がしっかりしている会社には、金融機関も、経営者保証をあえて求めません。後継者も日常業務や経常的な意思決定などについては前任者から引継ぎは受けず、引継ぎと言えば、デリケートな主要人材の人事面の引継ぎや当面の大きな経営課題くらいを除けば、ステークホルダーへの顔繋ぎと名刺交換程度です。すなわち、上場会社や大企業は、会社と経営者の関係が明確に区分・分離されていますので、巡航速度の日常の会社経営はそれほど心配することはないのです。事業承継についても、それらの企業の後継者は日常業務についての心配はしないようです。

しかし、中小企業の経営者は、ワンマン経営者が多く、そのワンマン度が激しくなるほど、引継ぎ後の日常業務に対する後継者の苦労は大きくなります。前任経営者がデジタル・データ化に精通している場合は、総じて、円滑な引継ぎができるようですが、逆に、デジタル・データ化に精通していない場合は、大混乱に陥るようです。

残念ながら、現在の中小企業経営者はほとんどが65歳以上になっており、デジタル・データ化に精通しているとは言えず、ワンマン経営度は高いものと思われます。その実態を、以下に述べることにします。

2 ワンマン経営者の特性

この「ワンマン経営」は、株主価値最大化や株主第一主義に原因があるのかもしれません。中小企業の経営者は多くは大株主で、株主総会と取締役会(含む執行役員会)の役割を混同しているようです。株主総会では、ほとんどの議決権を持っている大株主自身が、取締役会に参加する取締役のすべてを決定することができ、連れて、取締役会の「業務執行の決定や監督また代表取締役の選任・解任と内部統制」も自分が決めることができると思っているのです。したがって、大株主で、代表取締役である経営者は、すべて自分の思う通りのことができ、誰もが口出しができないと思っているようでした。また周囲の会社の幹部も、ステークホルダーもそう思っているようです。

しかし、取締役会は個々の取締役の多数決で決議し、必ずしも大株主や代表取締役の意向に従うことにはならないのです。このことが、意外に知られていません。この取締役のなかには、代表取締役の意向に反して、社外取締役のように自分の意見や社会の常識で決議する人材もいますので、必ずしも大株主・代表取締役のワンマン経営は通らないこともあります。とはいうものの、中小企業には社外役員はほとんどいませんし、社内選出の取締役は社長から恩情をもって選任された人材です。株主総会で討議の末に正式に選任された光景を見た人もあまりいないと思います。機関投資家や外国人株主が入っている株主総会でもない限り、現在の日本の取締役会は会社法に沿ったものにはならず、なかなか現在の株主総会や取締役会の法律通りの機能は守られず、中小企業の「ワンマン経営」は改善されることはないかもしれません。

そこで、現在の中小企業経営者の「ワンマン経営」の実態をお知らせし、デジタル・データ化が進んでいる他の企業に比べて、「生産性向上」では逆風になっている姿を述べていきたいと思います。経営者の皆様には、この姿を反面教師にしていただき、ご自分なりに問題点を見つけて修正していただきたいと思います。

中小企業経営者の意思決定を心理学的に分析した論文によれば、その経営者は、「排他的」「自己執着性と閉鎖性（自己中心性）」「自己拡大性」の呪縛に苛まれて、なかなか、適時適切な意思決定ができないと言われています。

例えば、地元の商店街や郊外に同業者の小売店が進出する動きがあった場合など、過度な反対運動が起こりますが、これは、既存の中小企業経営者の一種の「排他的」な動きで増幅するようです。また、過去に自社に対して不都合な態度を取った支店長がいた場合、「あの銀行とはこれからも絶対に取引をしないこと」とか、間違った請求をした仕入先や、販売代金の入金が遅れて事後対応がまずい販売先企業のケースでは、「あんな会社とは、未来永劫、取引を辞めるべき」などと言うことがあります。これらは、「排他的」な動きと言えます。RESASや経済センサスなどで、地域情勢を客観的に分析すれば、むしろ競合店の進出を受け入れ、町全体の活性化を図った方が将来的に得策となることもあります。金融機関の支店長は既に転勤をしていたり、販売先や仕入先はデジタル・データ化が進んで、円滑な取引先になっているかもしれません。

また、多くの役職員が、経営者に対してイエスマンとなって接している社内では、経営者はなかなか客観的な視野の判断ができなくなるものです。意思決定前の情報収集や地道な調査も行わないままに、「自己執着性と閉鎖性」が高まることになり、自己中心的な王様のようになってしまいます。取締役は、親族しか認めないとか、自分に反対意見を言う取締役や幹部は、降格させるということも、この「自己執着性と閉鎖性」に該当すると思います。経営者自身が、意思決定の期限に追われ、即断即決することに慣れてしまうと、一層、周りの意見を聞く意識が薄れ、「自己執着性と閉鎖性」の決断が当然のようになってしまいます。最近の若手のIoTやデータ検索能力は、年配者の想定を超えた実力になっているものですが、ワンマン経営者が人の意見に耳を傾けることがなくなる傾向が強くなり、ざっくばらんに対話を重ねることで、多くの貴重な情報を得て、若者の能力を伸ばし適材適所のポストを発見することもできなくなっているようです。

さらに、多くのワンマン経営者は孤独感に苛まれて、心理的コンプレックス・葛藤を味わい、その反動として、「自己拡大性」が出てくることも多いようです。ロータリー・ライオンズクラブ等の会員であることへの誇りや、大物政治家との食事会や知人関係の吹聴などが、日常会話にも出てきてしまい、「自己拡大性」が目立つようです。地域のイベントや祭りなどに対する寄付金額の多寡の競争や、目立つネオンや大きな広告塔など宣伝合戦などでは負けたくないという意識も強くなるようです。これらの考え方が続くようになると、「自己拡大性」が目につくようになります。親密さを風潮していた政治家が落選したり、寄付先が不祥事を起こすことにでもなった場合は、逆効果になることもあります。

これらの、「排他的」「自己執着性と閉鎖性（自己中心性）」「自己拡大性」では、正常な経営判断ができなくなることもありますし、品格の問題として地域での信頼を失うことも考えられます。まして、最近の幅広いステークホルダー（利害関係者）に配慮し経済成長を目指す「ステークホルダー資本主義」の経営には、ふさわしくないと見られるかもしれません。実際、ワンマン経営者の考え方や行動は「排他的」「自己執着性と閉鎖性（自己中心性）」「自己拡大性」の呪縛に拘束され、これが身についてしまった経営者自身、なかなかこのような動きから抜け出せないようにも思われます。

現実問題として、このような心理状態のなかでは、企業トップとして冷静で長期的な視野に立った経営判断は、難しいと思われます。同時に、中小企業では、他社・他業態の動向や地域情勢、従業員・仕入先・取引先などの動き、デジタル・データ化、国際化の変化などの情報については、他の役職員がタイムリーで貴重な情報を持っていたとしても、経営者自身の威圧感のある自信満々の雰囲気から、情報提供ができないこともあります。高齢の経営者ならば、その経営経験から、どうしても、その経営者に経営判断を委ねざるを得ず、周囲の人々は何も口出しができないまま、聞き役になってしまうかもしれません。このような状況においては、円滑なガバナンス（企業統治）はできないものと思われます。中小企業がイエ社会的経営体質であり、経営者が家長のしきたりを踏襲していくならば、どうしてもワンマン経営が進んでしまい、その悪い面が出てしまいます。デジタル・データ化の進んだ若手の役職員からの貴重な意見や情報も入らず、皆の良き連携も役に立てることができないまま、生産性の向上も叶わないことになるものと思われます。また、このワンマン経営の社長は、自分の意思決定の記録化などもしないはずであり、その決定事項のフォローやステークホルダーへの情報開示もできないままに、社内では昔のやり方を踏襲することになってしまうかもしれません。

3　ワンマン経営と情報管理強化

中小企業経営者はワンマン経営者が多いことを述べてきましたが、最近では、このワンマン経営者は情報管理に一番の支障をきたすようです。例外もありますが、10年を超え長ければ40年以上も経営をしていますと、どうしてもワンマン社長になってしまうかもしれません。社内の誰よりも外部や内部の人材交流や情報が多く、あえて、皆の意見などを聞かなくとも、自分ひとりで経営の意思決定を行うことができるからです。

しかし、最近は、大量のデータが飛び交い、ITやIoT、AIの情報に溢れていますから、以前のように、経営者は多くの情報を自分なりに消化しているとは言えないと思います。情報は、いろいろな方面から入ってきますし、過去のデータの積み重ねのものもあり、ビックデータを参考にしなければ理解できないこともあります。とても一人の経営者だけでは消化することはできない量になっています。社内の各部署との連携を密にして、時には社外に照会して、情報の処理をしなければ活用することはできないはずです。しかも、この情報は業務の経験や習熟度で濃淡が出るものが多く、その伝達は「物語性のある話」でしか伝えられないことも多くなっているようです。

このような情報の変化に即して、経営者は唯我独尊にならず、情報伝達者からわかりやすい解説を受けたり、付帯情報を交えながら説明をしてもらわなくなっていると思います。そのためには、経営者は情報の受け手と相互信頼を保ち、社内に好感度を醸し出すことが大切であり、常々、皆が納得するような「経営ビジョン（理念）」を発していることが欠かせないと思います。経営姿勢がブレず柔軟であることが、情報収集のポイントになると思います。特に、すべての部署に影響するデジタル・データ化や、そのデジタル・データ化に伴う「生産性の向上」が重視される昨今では、経営ビジョンによる共感性の醸成と社内連携が維持できる雰囲気や空気が必須になっていると思います。

4 ワンマン経営とステークホルダー重視経営

しかし、ワンマン経営が良い結果となることもあると思います。もしも、その経営者が社外のステークホルダーや地域への気遣いに長けた人ならば、外部の情報が多く入ってくるはずです。一般的には、内弁慶の経営者でも外部の人々に対する配慮が大きい人が多いようです。これらの経営者は、ステークホルダー重視経営に長けているとも言えます。

最近では、上場企業や大企業は「株主第一主義」の修正を迫られ、株主価値の追求よりも顧客本位や従業員の尊厳を重視するステークホルダー重視の経営にシフトするようになっています。企業は、がむしゃらに利益を上げるよりも、人間や自然環境を重視するべきであるとされ、ステークホルダー（利害関係者）を尊重するべきであるという主張です。SDGs（持続可能な開発目標）や環境問題、地域貢献が経営の中心的な課題になりつつあることで、このような経営者マインドの変化が顕在化されてきています。

バイデン大統領が温室効果ガスの排出量削減を唱え、菅首相もカーボンニュートラルを目指すことになりました。世界各国が、企業の領域を乗り越えて地域・国家・地球環境に経営の視点を広げた企業を評価するようになっています。中小企業の中には、自社のことで精一杯であり、とてもステークホルダー（利害関係者）までは考えられないという企業もありますが、いよいよこの考え方は通らなくなり始めています。情報化世界が広がることで、一つの企業の活動が、地域・地方また国の環境に影響を与えることが明らかになっているからです。自社が利益を追求している間に、ステークホルダーや地域住民から、SNS（ツイッター、フェイスブック、ラインやインスタグラムなどの社会的ネットワーク）で批判を受けることもあります。逆に、感謝を受け、その情報が地域に広がることも多くなっています。これは、世界の流れであり、時代の流れでもあって、中小企業といえども、地域・地方また国の環境への影響について、例外扱いとみなすことができなくなっています。

しかし、このステークホルダー（利害関係者）を尊重する経営は、もともと日本企業の伝統的な考え方であったとも言えます。ワンマン経営の企業とは、「家長的なイエ社会の上に、株式会社という服をまとった会社」とも解釈できます。家長的なイエ社会とは、すべての意思決定は家長が行うものです。従業員に対しての仕事ばかりではなくプライベートまで責任を負い、その個人的な生活まで面倒を見て、その家長は義理人情を重んじるということです。

一方では、家長の命令は多少の無理があろうとも絶対に服従してもらうということにもなります。すなわち、従業員は終身雇用であり年功序列となっており、その家長である社長も原則として、一生その社長の地位を続けるということです。したがって、社長の意思決定は、あえて取締役会に諮られることもなく、社長が決定すれば、その他の役職員は決定事項の監督やフォローも行う必要がなく、悪い結果が顕在化しないうちは、その社長に火の粉が降りかかることがないように気遣う（忖度する）というものです。家長としての社長は、ここまでの権威がありますから、企業に関するすべての出来事に責任を持つようになり、販売先、仕入先、役職員、業界他社、地域住民、などのステークホルダーに関するすべての責任も果たすようになっていました。まさに、社長のこの責任感こそ、ステークホルダー重視経営に通じるものでした。

一方、このステークホルダー重視経営で企業自体の生産性向上に繋げて成功を収めたケースもありました。近江商人は、「三方よし」の経営方針を提唱し、「買い手よし・売り手よし・世間よし」の経営を行っていました。この「三方よし」こそ、まさに「ステークホルダーよし」ということになるのです。日本の中小企業には、この近江商人のDNAがしっかり浸透しているということになっています。現在の経営者も「三方よし」の経営方針を思い出すことになれば、「ステークホルダー」重視によって「生産性の向上」となり、日本の国民所得も上伸し、幸福度も伸びていくということになると思います。

そして、デジタル・データ化によって、情報とその情報の活用が重視され、幅広くステークホルダーに配慮する経営が定着すれば、長期的に経済成長に繋がるということになります。「デジタル・データ化」によって、企業の組織化が進み、取締役会等を通した合議制による意思決定と全役職員による業務活動が実践されるようになって、「ステークホルダー経営」で社内外の皆が納得できる施策を遂行することができれば、長期的に真の「生産性の向上」が達成し、国内総生産の上昇に繋がるものと思われます。

5 ワンマン経営者は取締役会を活用するべき

このように経営者が従来の家長的なイエ社会をベースにした中小企業の経営を行っていたとしても、デジタル・データ化と合議的な経営者の意思決定手法の取込み、また「三方よし」のステークホルダー経営を採用することで、多くの中小企業は「生産性の向上」が達成できる可能性があると思われます。既に、デジタル・データ化と家族的イエ社会の株式会社のステークホルダー経営については述べてきましたので、ここでは、合議的な経営者の意思決定手法の取組みに関して、ワンマン経営者が取締役会を絡めて意思決定を行い、どのような実務的対応をするべきかについて、対策案を詳しく述べていくことにします。実は、この取締役会の活用こそ、ワンマン経営企業の大きな生産性向上策になるものと思っています。

(1)取締役会の典型的な進め方

テレビドラマなどに出てくる上場企業や銀行などの取締役会は、大きな丸テーブルに40～50人が座って、社長や頭取が議題を話し、ほとんど実質的な議論もしないままに決議されていますが、現在では、そのような取締役会はほとんどありません。今では、大きな上場企業であろうとも、取締役会の参加者は15人前後であり、活発に質疑を交わし、業績の報告・協議・決裁・監督の報告で進められ、大きなテーマについては参加者の意見交換で、次回までの調査事項や決裁方法の手順・決議になっているようです。その取締役会の時間も、2～3時間が一般的で、会議終了後には、議事録を作成し、参加した取締役や監査役に回覧しています。具体的には、以下の会社法第362条の内容の話合いを行うものです。

通常の取締役会は第362条の2項と4項の項目が会議に諮られ協議を行います。

（取締役会の権限等）
第362条

1　取締役会は、すべての取締役で組織する。
2　取締役会は、次に掲げる職務を行う。
　一　取締役会設置会社の業務執行の決定
　二　取締役の職務の執行の監督
　三　代表取締役の選定及び解職
3　取締役会は、取締役の中から代表取締役を選定しなければならない。
4　取締役会は、次に掲げる事項その他の重要な業務執行の決定を取締役に委任することができない。
　一　重要な財産の処分及び譲受け
　二　多額の借財
　三　支配人その他の重要な使用人の選任及び解任
　四　支店その他の重要な組織の設置、変更及び廃止
　五　第676条第1号に掲げる事項その他の社債を引き受ける者の募集に関する重要な事項として法務省令で定める事項
　六　取締役の職務の執行が法令及び定款に適合することを確保するための体制その他株式会社の業務並びに当該株式会社及びその子会社から成る企業集団の業務の適正を確保するために必要なものとして法務省令で定める体制の整備
　七　第426条第1項の規定による定款の定めに基づく第423条第1項の責任の免除
5　大会社である取締役会設置会社においては、取締役会は、前項第6号に掲げる事項を決定しなければならない。

2項一号の業務執行の決定については、「報告・協議・決裁」のプロセスがあり、確実に実行されることが求められています。

まず、次のような報告がなされます。営業担当役員が、売上について、

地域別・商品別・担当セクション別などのデータ表を提示し、大きな変動の原因や対策を述べていきます。管理部門担当役員が、経費の報告について、前年比、前期比、目標比の大きな変動について、その原因・対策を述べていきます。企画または管理部門担当役員が、期末月の前に、翌期の計画や長期計画について、経営理念との整合性や外部・内部環境の関わりについての説明を行います。それらの報告の後に全員で質疑・協議を行い、それぞれの報告内容の賛否を代表取締役等の議長が諮ります。

次に、2項二号の「執行の監督」とは、執行取締役の通常の業務活動の監督と、決裁案件の実行に対する監督についてのフォローを行い、発表します。また、2項三号の「代表取締役の選定及び解職」については、多くの中小企業の幹部の方々は、この権限は代表取締役または大株主が保有しており、取締役会にはないと思われているようですが、この権限は、3項にも明記されている通り、取締役会にあります。

さらに、4項の「業務執行の決定」権限も取締役会にあります。特に、4項6号については内部統制であり、この決定権限も取締役会にあります。これらの報告が済んだ後に、出席している取締役や監査役と協議を行って決裁することが取締役会の実務になります。

ワンマン経営者の方々の多くは、会社法第362条で取締役会に認められている権限を、ほとんど自分自身が保有していると思っているかもしれませんが、法律上は取締役会にあります。

つきましては、ワンマン経営者の方々は、改めて、取締役会の機能を再認識していただき、上記の2項一号、二号、三号と4項の内容を、実行に移すことをお勧めします。今まで、経営者自身で独自に決定していたことを、これからは取締役会に委ねて、その機能を活用することをお勧めします。従来、経営者自身で行っていた意思決定前の情報収集や孤独な意思決定、また意思決定した執行案件の監督・フォロー・モニタリングも、今後は取締役会が実行してくれること、そして内部統制もその運用の監督をしてくれることは、やはり経営者にとって、有難いことに思われます。しかも、これからの「デジタル・データ化」が進む時代には、全社ベースのデジタル化や種々のデータの活用を、各執行取締役がそれぞれ分業して引き受けてくれれば、「デジタル・データ化」の機能は一層高まるものと思われます。具体例としては、65ページ以降の「2. 付加価値の向上と効率の向上」における各事例①～⑩の【経営者の視点】において、取締役会でのやりとりを述べています。参考にしてください。

(2) コーポレートガバナンス・コードの【基本原則4】の見直し

コーポレートガバナンス・コードとは、透明・公正かつ迅速・果断な意思決定を行うための仕組みを実現することであり、そのための主要な原則を言うとされています。その際は、株主をはじめ顧客・従業員・地域社会等のステークホルダーの立場を踏まえます。このコードによって、会社、投資家、経済全体の発展にも寄与し、会社が持続的な成長と中長期的な企業価値の向上ができ、自律的な対応が図られることを目指すとされています。

コーポレートガバナンス・コードには、5つの原則がありますが、取締役会に関する原則は、以下の【基本原則4】で、「取締役会等の責務」となっています。

【基本原則４】

上場会社の取締役会は、株主に対する受託者責任・説明責任を踏まえ、会社の持続的成長と中長期的な企業価値の向上を促し、収益力・資本効率等の改善を図るべく、

(1) 企業戦略等の大きな方向性を示すこと
(2) 経営陣幹部による適切なリスクテイクを支える環境整備を行うこと
(3) 独立した客観的な立場から、経営陣（執行役及びいわゆる執行役員を含む）・取締役に対する実効性の高い監督を行うこと

をはじめとする役割・責務を適切に果たすべきである。

こうした役割・責務は、監査役会設置会社（その役割・責務の一部は監

査役及び監査役会が担うこととなる)、指名委員会等設置会社、監査等委員会設置会社など、いずれの機関設計を採用する場合にも、等しく適切に果たされるべきである。

このコーポレートガバナンス・コードは、上場会社に向けた原則ですが、中小企業にもほとんど該当します。特に、中小企業のワンマン経営者が取締役会を、新たに自分の意思決定の一つのプロセスにする場合は、この取締役会としては、「(1) 企業戦略等の大きな方向性を示すこと (2) 経営陣幹部の提案する事業プラン・業務推進策などに伴う、適切なリスクテイクを支える対策を考えながら、環境整備を行うこと (3) 独立した客観的な立場から、経営陣（執行役及びいわゆる執行役員を含む)・取締役に対する日常業務や個別の事業プランに対する実効性の高い監督を行うことをはじめとする役割・責務を適切に果たすべきである」ということは、欠かせないものになります。

ついては、ワンマン経営者の企業が新たに取締役会の機能を利活用する場合は、以下の点に注意をする必要があります。

①企業戦略等の大きな方向性を示すこと

ワンマン経営者に対する取締役会メンバーとしては、会社の目指すところ（経営理念等）を、常日頃から経営者と話し合いを持ちながら、その真意を理解し納得しておく必要があります。その経営理念等に沿って、各取締役は戦略的な方向付けを行うことを主要な役割・責務の一つと捉えるべきです。具体的な経営戦略や経営計画等について、建設的な議論を行うべきであり、重要な業務執行の決定を行う場合には、上記の戦略的な方向付けを踏まえるべきです。自社の沿革や業界内の地位、また地域における位置づけを考慮して、理解を深めて、自社の現在・過去・未来を想定しながら方向性を示して、経営者を含めたメンバー間で協議をするべきです。

②経営陣幹部による適切なリスクテイクを支える環境整備を行うこと

取締役会は、経営陣幹部が提案する事業プラン・業務推進策などに対して、自社の経営理念等に沿っているか、長期の経営計画の一環になっているか、またしっかりした戦略で経営資源の有効活用がなされているか、などを考慮して、その事業プラン・業務推進策から生じるリスクが適切か否かということを判断しなければなりません。そのリスクに対しては、それを支える環境整備を行うことができるかにも配慮する必要があります。経営陣から、健全な企業家精神に基づいて提案が出されることは歓迎しつつも、その提案が説明責任に耐えられるかを見極めながら、提案について独立した客観的な立場において多角的かつ十分な検討を行うことが必要です。そのようなプロセスを通して、取締役会で承認した場合は、その提案が実行されるに際して、取締役会メンバーとして、経営陣幹部の迅速・果断な意思決定を支援することが大切です。

この提案については、金融機関から資金支援を受けられるか否かが一つのバロメーターになりますから、拙著『新 銀行交渉術－資金ニーズの見つけ方と対話』または通信講座『事例で学ぶ 資金ニーズの見つけ方コース』（ともにビジネス教育出版社）をご活用ください。

③独立した客観的な立場から、経営陣（執行役及びいわゆる執行役員を含む）・取締役に対する実効性の高い監督を行うこと

ワンマン経営者にとって一番大きな盲点は、意思決定事項に対する監督・フォロー・モニタリングということです。このことは、上場会社の取締役会にも言えることで、独立した客観的な立場から、経営陣・取締役に対する実効性の高い監督を行うことが大切です。日産自動車㈱の取締役会がゴーン会長の無理筋の意思決定事項に対して、事後の監督が機能していたら、あのような不祥事は起きなかったかもしれません。多くの企業の不祥事は、発生の問題点がマスコミ等で議論されていますが、実は、取締役

会の監督に課題があることが多いのです。例えば、他社との競合のために、早期に店舗の出店を意思決定しなければならないとき、「今後、毎月出店効果の監督状況を報告する」という決議を行えば、調査不足のまま走り出した案件も事後フォローにて修正が可能になります。このような監督は、会社の業績等の評価や経営陣幹部の人事評価にも活用することができます。また、取締役会は、適時かつ正確に情報開示が行われているか、内部統制やリスク管理体制を適切に整備してワークしているかなども監督することになっています。本書第3部157ページ以降のバランススコアカードや重要目標達成指標（KGI）・重要業績評価指標（KPI）の活用法を習得して、経営改善計画に沿った監督の手法も理解を深めて、経営者を含めたメンバー間で協議をするべきです。

さらに、取締役会は、経営陣等と会社との間に生じ得る利益相反を適切に管理することにもなっていますが、このことも監督から問題点が浮き彫りになります。

ワンマン経営者の場合は、次から次に意思決定しなければならないことが生じますので、どうしても監督・フォロー・モニタリングが手薄になりますので、取締役会メンバーにてフォローすることが欠かせないと思います。

このように、家長的なイエ社会の中小企業経営者やワンマン経営者は、取締役会の決議事項を尊重すると同時に、取締役会メンバーである各取締役に自身の経営理念、戦略、監督（成果判定・モニタリング）の内容を十分理解してもらい、今後の必須事項になったデジタル・データ化の考え方を習得してもらうことが重要になります。

(3) コーポレートガバナンス・コードの【基本原則２】の見直し

ワンマン経営者のなかには、外部の人間関係は密であって、社内の誰よりも外部情報に長けている人材が多いようですが、その情報の質については正確であるか否かには疑問が持たれているようです。ワンマン経営者の情報源は意外に少なく、検証されていないケースも多いようです。地域情報であるRESAS、経済センサス、まち・ひと・しごと創生総合戦略のデータベースでチェックし、情報の確証をとる必要もあります。

コロナ禍以降、中小企業も自らの持続的な成長と中長期的な企業価値の創出を達成するためには、ステークホルダーとの適切な協働が不可欠になっています。また、最近のカーボンニュートラル・温室効果ガス排出量問題やSDGs･ESG（環境、社会、統治）問題で、地域の環境問題等に対する関心が高まり、企業の外部のステークホルダーに対する積極的・能動的な対応が求められるようになっています。

【基本原則２】

上場会社は、会社の持続的な成長と中長期的な企業価値の創出は、従業員、顧客、取引先、債権者、地域社会をはじめとする様々なステークホルダーによるリソースの提供や貢献の結果であることを十分に認識し、これらのステークホルダーとの適切な協働に努めるべきである。

取締役会・経営陣は、これらのステークホルダーの権利・立場や健全な事業活動倫理を尊重する企業文化・風土の醸成に向けてリーダーシップを発揮すべきである。

この【基本原則２】は「株主以外のステークホルダーとの適切な協働」に努めることと、「取締役会･経営陣は、これらステークホルダーの……事業活動倫理を尊重する企業文化・風土の醸成に向けてリーダーシップを発揮すべきである。」と示しています。

取締役会メンバーは、SDGsやESGなどのサステナビリティ（持続可能性）を巡る課題への対応が重要なリスク管理の一部であると認識するとともに、これらの課題に積極的・能動的に取り組むべきとなっています。この考え方については、年齢差があるためか、高齢のワンマン経営者には理解できない点がありますので、取締役会メンバーは経営者にこのことを入念する必要があります。

また、東京オリンピック・パラリンピック大会組織委員会の前会長で元首相の森喜朗氏の女性蔑視発言問題もあり、社内における女性の活躍促進を含む多様性の確保を推進することが必須になっています。社内の異なる経験・技能・属性を反映した多様な視点や価値観が存在することは、会社の持続的な成長を確保する点で強みとなるとの考え方が急速に広がっています。

さらには、会社の従業員等が内部通報をできる体制整備を行うべきであるとされています。不利益を被る危険を懸念することがなく、違法または不適切な行為そして情報に関し疑念を伝達できるようにすべきであるようにとも言われています。

これらのSDGs・多様性・内部通報などの問題は、ワンマン経営者には意識外であることが多いために、取締役会メンバーは、普段から経営者には注意をする必要があります。

(4) コーポレートガバナンス・コードの【基本原則3】の見直し

ワンマン経営者にとって、従来、自分と取締役会メンバーは家長とその家族の関係のようであったことから、外部のステークホルダーのアドバイスの方が、経営者には説得力がありました。税理士や認定支援機関、金融機関の担当者や支店長、商工会・商工会議所の指導員、元請会社の担当者や上司など、経営者は地域の知見者に情報開示を行って、種々のアドバイスをもらっていました。しかし、その情報開示資料は、必ずしも、財務情報・非財務情報を記載したしっかりしたものではなかったようです。

中小企業においては、明確には情報開示を行うルールはありませんが、取締役会がワークするようになっても、経営者は良きアドバイスを期待しています。今後は取締役会で承認を得た情報開示資料を提出して、従来からアドバイスを受けていた方々から、引き続き、適切な助言・指導をもらうことを願っています。

以下は、「適切な情報開示と透明性の確保」における【基本原則3】です。

【基本原則3】

上場会社は、会社の財政状態・経営成績等の財務情報や、経営戦略・経営課題、リスクやガバナンスに係る情報等の非財務情報について、法令に基づく開示を適切に行うとともに、法令に基づく開示以外の情報提供にも主体的に取り組むべきである。

その際、取締役会は、開示・提供される情報が株主との間で建設的な対話を行う上での基盤となることも踏まえ、そうした情報（とりわけ非財務情報）が、正確で利用者にとって分かりやすく、情報として有用性の高いものとなるようにすべきである。

コーポレートガバナンス・コードの【基本原則3】では、情報開示資料については財務情報・非財務情報で法令に基づく開示となっており、中小企業においては、独自に情報開示資料を作成することになっていますが、それなりに、目線があります。

例えば、財務情報は「中小企業会計指針」「中小会計要領」（147ページ）に沿って作成し、非財務情報はローカルベンチマークにおける非財務情報の4項目（21、23ページ）を記載することが必要と思います。

また、経営計画は経営改善計画書（164 ～ 178ページ）の抜粋が望ましいと思います。

その他、取締役会の議事録の抜粋と「SDGsの17目標のチェックリスト」が、加われば、情報開示資料としては十分であると思います。

そして、税理士や認定支援機関また、金融機関の担当者や支店長には、税務申告書（写）に加えて、当面の資金繰りのアドバイスも受けることから、試算表と資金繰り実績予想表をも追加することをお勧めします。商工会・商工会議所の指導員と元請会社の担当者や上司については、情報開示資料提出時に、先方が求める簡単な資料を追加すればよいと思います。

おわりに

本書において引用した「中小サービス事業者の生産性向上のためのガイドライン」や「デジタルガバナンス・コード」については、おそらく、多くの有識者の方々から、ご批判を受けることになるかもしれません。これを覚悟して、あえて、各項目について私見を含めて解説をしました。私としては、既に、「金融検査マニュアル」「金融検査マニュアル別冊（中小企業融資編）」「リレーションシップバンキングの機能強化に向けて」「ローカルベンチマーク」「コーポレートガバナンス・コード」「SDGsの17目標」などの、中央官庁が管轄する業界プロに提示するガイドラインの解説書を書いてきました。そのガイドラインの各条項に対する解説を行うと、それぞれのプロと言われる方や大学教授の方から、ご批判を受けることがありました。そのご意見はどれも説得力のあるものでしたが、そのガイドラインの目的を、実務に落とし込んでお話しされる方は、ほとんどいらっしゃいませんでした。

例えば、「SDGsの17目標」について、その目標の下に、169のターゲットがあり、さらに、232の指標がありましたが、プロの方々は、その目標からターゲットまた指標に至るまで細目の議論をします。しかし、実務家である企業の経営者やリーダーは、このSDGsの17目標とターゲット・指標を俯瞰して、各目標の内容を全体観とともに、自分の意見として持たなければなりません。これからの経営は、自分の企業や株主だけを見ていればよいということではなく、企業と利害のあるステークホルダーを理解しなければならず、そのステークホルダーについては、少なくともSDGsの17目標をチェックリストにして検討し理解を深めなければならないということです。実務家ならば、SDGsのプリンシプル（原理・原則・仕組み）を、17の目標やターゲット・指標を読み込むことによって、自分の中に吸収することが大切であると思います。経営者がステークホルダーの一つである地域住民の方と、自分の町内会についてお話しをする時は、SDGsのプリンシプルを念頭に置いて相互に理解を深めることが重要に思われます。

同様に、事業生産性や企業生産性について経営者が考える時は、「中小サービス事業者の生産性向上のためのガイドライン」や「デジタルガバナンス・コード」のそれぞれの項目を読み込んで、次に全体を俯瞰して、自分なりのプリンシプルを持っていただきたいと思います。このプリンシプルは、実務家のプリンシプルですから、何回も実際の事例に接したり、他社の出来事も自分のこととして想像することで、深める努力をすることが大切であると思います。同時に、本書では詳しく述べなかった「ローカルベンチマーク」「コーポレートガバナンス・コード」「SDGsの17目標」についても、そのプリンシプルを醸成することをお勧めしたいと思います。

ちなみに、中小企業経営者の最も大きな喫緊の課題である「経営者保証の解除」と「後継者選任」は、「ローカルベンチマーク」または「コーポレートガバナンス・コード」あるいは本書で述べた「デジタルガバナンス・コード」のプリンシプルを銀行員や後継者候補に囁いていただくことで光が見え、取締役会と社内組織図の運用を丁寧に説明することで、解決するものと思っています。銀行員も後継者候補も、このことによって安心して展望ができ、企業への希望が見えるようになるからです。

とは言うものの、忙しい経営者としては、このような要請を実践することはとても難しいと思われるかもしれません。しかし、コロナ禍を経験し、経営者自身を含め役職員の働き方は大きく変わってきたと思います。三密防止で、テレワークやオンライン会議が新常態になりましたし、対面交渉をしなくとも商談や情報交換の効果が下がることもありません。部下や取引先とのスキンシップの対話や対面交渉の時間拘束がなくなった分、情報収集や読書また家族との対話の楽しみが増加し、かえって、三密時間の節約が情報収集と自由な思考時間に変わっていることを感じる方も多いと思います。

大切にしていた部下とのコミュニケーションもそれほど低下していることにはなっていないようです。部下に不満がある時は、居酒屋で一杯やりながら、話を聞いて自論を述べて親交していたかもしれませんし、チームワークがしっくりいかない部署との夜の宴会やゴルフ会もしていたかもしれません。賞与支給前には全員と個人面談もしたかもしれませんが、今後は、このような交流は三密防止でできません。人間関係が薄れて、大きな支障が生じることの心配をしていましたが、そんなこともないようです。むしろ、経営者の意向は、経営ビジョンや戦略で伝えること、ソーシャルディスタンスで久しぶりに会話をすることも、できるようになっていると思います。

また、ウィズコロナで、社内の「デジタル・データ化」が進み、テレワークやオンライン会議も広がるようになっています。このような動きに対応して、社内組織の見直しや人事考課・業績考課の改善で、役職員のモラールアップにもなり、オンライン・スマホなどの活用で適時適切なモニタリングも可能になって、逆に、情報交換も密になっているようです。そして、この「デジタル・データ化」で、社内の透明化と伝達のスピード化、またデジタル資料による記録化が進んで、事務管理業務も効率化され、合わせて、取引先との交渉もオンライン・スマホで円滑になったかもしれません。さらには、中小企業経営者の多くは、ワンマン経営者のレッテルを貼られていたかもしれませんが、このコロナ禍で問題点が浮き彫りにされました。その対策としては、取締役会の活性化であり、ガバナンスの見直しであると思われます。本書では随所に合議制の実例や重要性を述べています。お役に立つことを願っています。

やや参考書的な構成になってしまった本書を読破された皆様には、世界史に残るようなコロナ禍を実感されたことから、なかなか変化できなかった中小企業の世界に大きな改善をもたらしていただきたいと思っています。

なお、この出版に当たり、株式会社ビジネス教育出版社の酒井敬男会長、中野進介社長、山下日出之エディトリアル・プロデューサーには、有難いアイデアのご提供や良きアドバイスをいただき、ここに心より感謝を申し上げます。

中村　中

〈著者プロフィール〉

中村　中（なかむら　なか）

経営コンサルタント・中小企業診断士・経営革新等支援機関
1950年生まれ。
三菱銀行（現三菱UFJ銀行）入社後、本部融資部・営業本部・支店部、岩本町・東長崎各支店長、福岡副支店長等を歴任、関連会社取締役。
2001年、㈱ファインビット設立。同社代表取締役社長。週刊「東洋経済」の選んだ「著名コンサルタント15人」の1人。中小企業金融に関する講演多数。
橋本総業ホールディングス株式会社（東証一部）監査役、中小企業顧問、医療法人監事 等。
〈主な著書〉『地域経済と中小企業の発展を支援する 経営指導者養成コース』『これからの経営改善計画・リスケジュール指導に強くなるコース』『地域が持続可能な発展できる金融手法を学ぶ 地方創生SDGs金融の進め方がよくわかるコース』『事例で学ぶ 資金ニーズの見つけ方コース』（以上、通信教育テキスト）、『コロナ危機に打ち勝つ 中小企業の新しい資金調達』『地域が活性化する 地方創生SDGs戦略と銀行のビジネスモデル』『新 銀行交渉術－資金ニーズの見つけ方と対話』『事業性評価・ローカルベンチマーク 活用事例集』〈共著〉『事業性評価融資－最強の貸出増強策』『ローカルベンチマーク～地域金融機関に求められる連携と対話』『金融機関・会計事務所のためのSWOT分析徹底活用法～事業性評価・経営改善計画への第一歩』〈共著〉（以上、ビジネス教育出版社）、『中小企業再生への経営改善計画』（ぎょうせい）、『中小企業経営者のための銀行交渉術』（TKC出版）、『銀行交渉のための「リレバン」の理解』（中央経済社）他多数

企業価値向上・DX 推進に向けた 中小企業の生産性革命

2021 年　6 月 10 日　初版第 1 刷発行

著　者　中村　中
発行者　中野 進介

発行所　株式会社 ビジネス教育出版社

〒102-0074　東京都千代田区九段南4－7－13
TEL 03(3221)5361(代表)／FAX 03(3222)7878
E-mail▶info@bks.co.jp URL▶https://www.bks.co.jp

印刷・製本／シナノ印刷㈱　　装丁・本文デザイン・DTP ／㈲エルグ
落丁・乱丁はお取り替えします。

ISBN978-4-8283-0899-9　C2034